国語授業の改革16

「アクティブ・ラーニング」を生かしたあたらしい「読み」の授業

―「学習集団」「探究型」を重視して質の高い国語力を身につける

「読み」の授業研究会 編

学文社

はじめに

新しい学習指導要領では「アクティブ・ラーニング」あるいは「探究型」の授業が強調されるようです。文部科学省によると「アクティブ・ラーニング」とは「課題の発見と解決に向けて主体的・協働的に学ぶ学習」というもののようです。ここからは、子ども「主体」、「協働」という対話、「課題」の設定、「発見と解決」という探究などの要素が読みとれそうです。しかし、アクティブ・ラーニングについての、それ以上の定義や方向性は十分には示されていません。様々な論議はありますが、不明の部分が多いようです。下手をすると「アクティブ」=「活動」のみが強調され、「活動主義」が全国の学校現場で拡大再生産される危険さえあります。

とは言え、私たちは「アクティブ・ラーニング」という提起は、これまでの学習・授業を変えていく可能性を含んでいると考えます。子ども相互の「対話」や「主体」を重視する授業は、これまで読み研が追究してきたことと重なります。戦後追究され実践されてきた「学習集団」の授業とも通じる要素があります。

本号では「アクティブ・ラーニング」を生かしたあたらしい「読み」の授業を提案します。それによって子どもたちに質の高い国語力を身につけることを目指します。

第Ⅰ章では、久田敏彦先生の論考と阿部の論考に続き、アクティブ・ラーニングを生かした物語・小説、古典、そして説明的文章の授業構想・授業記録を示しました。どういう国語の力をつけるかも明示しました。第Ⅱ章では、国語の授業でアクティブ・ラーニングを生かしていく際の指導のコツを具体的に提示しました。そして第Ⅳ章では、気鋭の研究者に様々な角度から「アクティブ・ラーニング」について論じていただきました。

『国語授業の改革』には、その名のとおり国語の授業を改革するための切り口がたくさんあります。多くの先生方、研究者の方々に読んでいただき、ご意見・ご批判をいただきたいと思います。

二〇一六年八月

読み研代表　阿部　昇（秋田大学）

目次

Ⅲ　「アクティブ・ラーニング」を生かした「こまを楽しむ」の授業――永橋和行先生の授業とその徹底分析

Ⅳ　提言：「アクティブ・ラーニング」をどうとらえ、どう生かしたらいいのか

Ⅴ 「アクティブ・ラーニング」を考えるための読書案内――私が薦めるこの一冊

Ⅵ 連載・教材研究のポイント［第三回］

【問題提起】

1 「アクティブ・ラーニング」を展開する際の二つの「弱点」
――「アクティブ・ラーニングの優位性」「教科内容の具体」の未解明という課題

阿部　昇（秋田大学）

私はアクティブ・ラーニングに関して二つの「弱点」があると見ている。一つ目は、アクティブ・ラーニングの優位性・特長をどうとらえるかについて未解明の部分が多いという点である。未解明だから指導の力点が見えてこない。改善点もクリアでない。定式化だけが先走り、中身のない「主体」「協働」「探究」が空回りすることになる。二つ目は、アクティブ・ラーニングを通じてどういう「力」を育てるかの各教科の教科内容の解明が遅れているという点である。「主体的判断力」「批判的思考力」「社会参画力」などの能力観・学力観は論議されても、それに呼応した教科教育の具体の検討が見えない。各教科の内容の再構築が必要なはずだが、各教科教育研究がそういう検討を行っているようには見えない。

1 「アクティブ・ラーニング」を展開する際の二つの「弱点」

アクティブ・ラーニングめぐる論議が盛んである。しかし、「アクティブ・ラーニング」の定義も人それぞれであるし、従来から言われてきた「子ども主体」の学習とどこが違うかも十分に見えない。

私はアクティブ・ラーニングという提起そのものには、これまでの学習・授業を見直し、新しい学習・授業を展開させていく可能性が含まれていると見る。しかし、今のままでは、活動自体が自己目的化する「活動主義」に陥る可能性がある。見た目では子どもが「主体的」に学んでいるようでも、定式化された形だけの指導になっていく危険がある。

2 「アクティブ・ラーニング」の優位性・特長が明確でない―だから指導の力点・改善点が見えてこない

アクティブ・ラーニングについては、文部科学省から定義がいくつか出されている。文部科学省が二〇一四年に中央教育審議会に教育課程について諮問した際のアクティブ・ラーニングの定義は「課題の発見と解決に向けて主体的・協働的に学ぶ学習」である。[1] 同じく文部科学省が二〇一五年に学習指導要領改訂に向けて行った「論点整理」の定義には「問題発見・解決を念頭に置いた深い学びの過程」「他者との協働や外界との相互作用」「対話的な学び」「自らの学習活動を振り返って次につなげる」「主体的な学び」などが含まれる。[2]

これらを見ると、アクティブ・ラーニングの要素は、「子ども主体の学習」「子どもの相互の関わり合い」「課題解決の重視」「振り返り」などとなる。

他にも様々な指摘はあるが、アクティブ・ラーニングの優位性・特長が十分解明されているとは言い難い。だから、どこに力点を置いて指導すれば質の高いアクティブ・ラーニングの授業が展開できるかは見えてこない。

たとえば、そもそも子ども相互が関わり合うことにどういう価値があるのか。学びとは元来子ども一人一人のものではないのか。なぜわざわざ時間もかかり、指導の手間もかかる子ども相互の関わり合いを作り出すのか。「一斉授業」でよいかもしれないものを、無理をして子ども相互の関わり合いを促そうとしているのではないのか。―などといった問い直しをしてみる必要がある。

「その方が子どもがより主体的に授業に参加できる。」「より積極的に授業に参加できる。」「子どものコミュニケーション能力が育つ。」などという答えが返ってきそうだが、本当に「一斉授業」では子どもの主体性・積極性は育たないのか。また子ども相互の関わりが、本当に各教科の学力を豊かに育てることにつながるのか。コミュニケーション能力はアクティブ・ラーニングでなくても、授業を周到に計画し丁寧に実施すれば育つのではないのか。―などの問い直しをする必要がある。

アクティブ・ラーニングが必要なものであるにしては、必要性・必然性についての実践的・研究的な問い直しがまだ甘い。

阿部はアクティブ・ラーニングの要件として次の六つを設定した。これは要件であると同時に優位性・特長でもある。

①「あたらしい学力」につながる教科（教育）内容を子どもたちに身につけることを目指すこと。
②自らが設定した「学習課題」を子どもたちが探究し解決していくこと。
③対話・討論等により子どもたちが「異質な他者」と関わりながら探究すること。
④子どもたちの「試行錯誤、評価・批判、推理・検証、発見・創造」などの探究過程を含むこと。
⑤子どもたちが「内言の外言化」をより多くより豊かに行っていくこと。
⑥探究過程を子どもたちがメタ的に「振り返る」過程があること。

これらを指標に、アクティブ・ラーニングを考えていけば、授業をどう変え高められるかを構想しやすいはずである。また授業を展開していく中で、どこを改善すべきかを見極めることができる。(3) ただし多くの実践記録を収集し、検証を重ねていくことは是非必要である。

(1)「異質な他者」と「試行錯誤」について

これは、アクティブ・ラーニングの核の部分である。さきほどの「子ども相互が関わり合うことにどういう価値があるのか」という問いと関わる。戦後「学習集団」の指導として、これらに関する研究や実践が様々に展開されてきた。それらをひも解いていくことが是非必要である。

多様で異質な見方に出会うことで、自分では気づかなかった見方を子どもは知ることができる。様々な角度から対象を見ることもできるようになる。

ただし、異質な見方との出会いの良さはそれだけではない。そこには、たとえば「相互誘発型・相互連鎖型の思考が生まれる」「相違・対立による弁証法的思考が生まれる」などの優位性がある。

集団による思考の良さは、異質な見方から学ぶだけではない。集団による思考は、一人での思考に比べ、複数の見方が構造的に組み合わされ新たな見方を生み出す。ある見方が次の見方を誘発し、連鎖してまた別の見方を生み出す。ここには、模倣・類推・関係づけ・文脈化・総合などが含まれる。ここには、次の二つの誘発がある。

一つは、ある見方が、直接に新しい見方を生み出していくという誘発である。もう一つは、ある見方を生み出した思考の枠組みや方法を類進し、そこから新しい見方を生み出していくという誘発である。

異質な見方が対立し、相互に納得出来ない場合もある。その場合は、対話・討論の中で対象を再検討する。これが「④試行錯誤」を生み出す。相互評価・相互批判、推理・検証等によって、それまで見えていなかったことを発見できる。相違し対立する見解を生かして討論を展開することで、自らの見解の問い直し、相手の見解の再吟味が必要となる。また、討論の中で曖昧であった点がクリアになってくる。新しいリサーチの必要性が見えてくることもある。それらの過程で討論以前には、見えていなかった対象の新たな側面・新たな要素が見えてくることになる。止揚による発見・創造である。

(2) 「内言の外言化」について

内言は、人間の思考を展開させ新しい発想を生み出す。その速さの秘密は、一つには述語への特化がある。主語や修飾語を省略するから速い。また、長い概念はコンピュータの短縮言語のように短く記号化する。省略も多い。

ただし、速い一方で自分の思考の言語だから、自分にだけわかるものになっている。ヴィゴツキーは内言を「自分のための言語」と言う。そのため意識化が弱くなりがちである。だから、誰かにそれを話したり書いたりしようとする際に再構築が必要となる。他の人にわかる言語「外言」にしていく必要がある。主語と修飾語を補い、短縮も省略も元に戻し、相手にわかりやすく構築し直すことが求められる。これが「内言の外言化」である。

これは面倒な過程である。しかし、内言を外言化する過程で、自分が何をどのように考えていたのかが、より意識化され整理される。「話しているうちに、自分が何を言いたいのかわかった。」「書いているうちに、自分が何を訴えたかったのか見えてきた。」などということが起こるのはそのためである。学校の授業でも同じことが起こる。誰かに話す、説明する、対話する、討論する、書くなどという過程（内言の外言化）で、子どもは自らの思考・判断を明確に意識化できる。「何となく」そこがクライマックスであることを感じていたものを、その根拠を外言で（本文に証拠を求めつつ）友だちに説明する中で、あるいは対話する中で明確に意識する。―という過程である。アクティブ・ラーニングではその機会が多くの子どもに飛躍的に増える。

全員参加の授業の重要性が強調されるが、一斉指導では仮に参加できても聞き手で止まっている子どもが相対的に多くなる。アクティブ・ラーニングで、グループや学級全体で話し合い討論する中で、外言化の機会が増え、より多くの子どもが質の高い授業参加を保障される。

(3) 「学習課題」について

右の「③異質な他者」「④試行錯誤などの探究過程」を生かし、「⑤内言の外言化」を促進するためには、授業の「②学習課題」の質が問われる。

「学習課題」があるから子どもたちは主体的に探究ができる。そうでなければ教師の「発問待ち」の授業となる。基本的には子どもたちが教師の助けを借りて自分たちで設定することを目指すべきである。しかし、はじめはそうはいかない。はじめは教師が提示すればよい。

「学習課題」の設定については「ａ子どもが迷い揺れる課題つまり豊かな試行錯誤や推理・検証過程が生まれる課題」「ｂ子どもの既有の知識・スキル、認識方法、方略などでは簡単に解決できない課題」「ｃ試行錯誤等を経て、子どもに『飛躍』が起こり『謎』の解決・発見が生まれる課題」「ｄ子どもに新しい知識・スキル、認識方法、方略など学力が身につく課題」「ｅ子どもが意欲・関心がもてる課題」などであることが求められる。

優れた学習課題は右のどの要素もクリアしている。

右の条件をクリアする学習課題を生み出すためには教師の深く豊かな教材研究が必要となる。物語・小説のクライマックスの学習では、作品によっては「クライマックスはどこか、本文に根拠を求めながら見つけよう」などの課題が適切な場合がある。その場合も教師の深く豊かな教材研究は必須である。ただ作品によってはクライマックスの箇所はすぐに一致できても、なぜそこがクライマックスなのかが説明できない場合がある。「海の命」（立松和平）はクライマックスの箇所は早く一致する。太一がクエを殺すことをやめた箇所である。ただ「なぜ太一はクエを殺すことをやめたのか」と問うと答えられない。ここでは、その「なぜ」こそ学習課題としてふさわしいが、その追究は教師による深く豊かな教材研究抜きに成立しない。

3 「アクティブ・ラーニング」で子どもに育てるべき教科内容の具体が見えてこない

(1) 教科内容の具体化という課題

中央教育審議会教育課程部会の報告では、「論理の吟味・構築（根拠、論拠、定義、前提等）」「信頼性、妥当性の吟味」などの記述がある。[4] 今回の改訂で「批判的思考力」は、最も重視すべきものの一つと考えるが、これらの報告では様々にある要素の一つに過ぎない。「批判的思考力」を中核に位置づけるべきであるし、それに対応する教科内容を多くの教科に明記すべきである。

それらを含め、二〇一六年学習指導要領改訂に向けた文部科学省の検討を、各教科教育研究が批判的検討も含め多面的に検討していく必要がある。そして、各教科のこれまでの学力観を再検討し、それにもとづく具体的教科内容の再構築をすることが求められる。それがないままアクティブ・ラーニングを各教科に取り入れても、「活動主義」の授業が拡大再生産されていくだけである。

たとえば国語科では、「批判的思考力」に関わってどういう教科内容が求められるのか。その具体的検討はよく見えてこない。論説文を読み、その仮説と論証のあり方を多面的に把握し、そのあり方を批判的に検討していく。そして、それを批評文として表現していくといった学習は、アクティブ・ラーニングと親和性が高いはずである。しかし、そういう授業を可能とするには、それらに関わる教科内容の追究が不可欠である。

阿部は説明的文章の「吟味よみ」の指導過程を提案し、「批判的思考力」を育てるための方法、つまり教科内容を提案してきた。次の六つのカテゴリーに「吟味の方法」を整理し系統的に読む力として育てる提案をしている。[5]

1 語彙・表現を吟味する。
2 「事実」の現実との対応を吟味する。
3 「事実」の取捨選択を吟味する。
4 根拠・解釈・推論を吟味する。
5 ことがら相互・推論相互の不整合を吟味する。
6 表現・事実選択・推論などの裏にある考え方・ねらい・基準を吟味する。

この中のたとえば「3」では、「選ばれた『事実』に過剰・不足、非典型性はないか」などの下位の方法がある。「4」では「隠された（見落とされた）推論の前提となる事実・法則・価値観はないか」「必要条件・必要十分条件を混同して推論をしていないか」「因果関係が逆である可能性はないか」などの下位の方法がある。これらは「批判的思考力」「主体的判断力」「論理的思考力」につながる教科内容を構築していく際に参考となるはずである。

また、物語・小説であれば、次の五つのカテゴリーに「吟味の方法」を整理している。[6]

1 語り手に注目して吟味・評価する。
2 人物設定と事件展開に注目して吟味・評価する。
3 構成・構造、題名に注目して吟味・評価する。
4 翻訳、改訂、異本の比較により吟味・評価する。
5 作品を総括的に吟味・評価する―主題、思想、ものの見方・考え方の総括的な吟味・評価。

この中のたとえば「1」では「語り手を別の語り手に替えて読み直し差異を吟味する」などの下位の方法、「3」では「ストーリーは変えずに構成・構造・語り方などのプロットを替えて読み直し差異を吟味する」などの下位の方法がある。これらは「批判的思考力」「主体的判断力」「異化認知力」につながる教科内容を構築していく際に参考となるはずである。

また、物語・小説の作品構造を読む学習には、「構造的把握力」「メタ認知力」を育てていく過程が含まれる。特に作品構造上の「クライマックス」を把握してく学習は、高い「メタ認知力」「異化認知力」につながる。

(2) 「少年の日の思い出」（H・ヘッセ）の吟味の授業

たとえば「少年の日の思い出」を使い、「語り手を別の語り手に替えて読み直し差異を吟味」していく力を育てるアクティブ・ラーニングの授業が構想できる。

「僕」が、エーミールの大事な蝶を台無しにしたことを謝罪に行く場面である。オリジナルはエーミールは「冷淡に」「軽蔑的に見つめ」「まるで世界のおきてを代表でもするかのように、冷然と、正義を盾に、あなどるように僕の前に立っていた。」とある。

この作品は「僕」が語り手である。それを、エーミールを語り手にして、別の語りの可能性を子どもに構想させる。あるいは次のようなエーミールの語りによるもう一つの物語を示す。（以下は抜粋である。）(7)

> 「そうか、そうか、つまり君はそんなやつなんだな。」（中略）すると、彼は、自分のちょうの収集を全部くれる、と言った。僕はそれを聞いて、あきれ、また悲しくなってきた。いくらなんでもちょうをポケットに入れてだいなしにするなんて、ちょうを扱う者としてひどすぎる。僕がちょうをどんなに丁寧に扱い、正確に手入れして保管しているか、きっと彼にはわかってもらえない。悲しくてやりきれなかった。僕は、「結構だよ。僕は、君の集めたやつはもう知っている。そのうえ、今日また、君がちょうをどんなに取りあつかっているか、ということを見ることができたさ。」と言ってしまった。苦しくてそれしか言えなかった。

もう一つ、「僕」が感じたとおりの「冷淡」な見方をしているエーミールの語りを提示し、「どちらに共感するか」という吟味のさせ方もある。

作品のオリジナルに再び戻りながら、一人称の語りの小説を読み直すという学習である。これもアクティブ・ラーニングの優位性・特長を意識することでより創造的となる。何より、それを通して子どもたちにどういう力を育てるかという具体的なねらいの設定が重要である。

注

（1）文部科学省「初等中等教育における教育課程の基準等の在り方について（諮問）」二〇一四年

（2）文部科学省教育課程企画部会「論点整理」二〇一五年

（3）阿部昇『確かな「学力」を育てるアクティブ・ラーニングを生かした探究型の授業づくり』二〇一六年、明治図書で詳細を述べている。

（4）中央教育審議会教育課程部会「言語に関する資質・能力の要素」二〇一六年

（5）詳細は、阿部昇『文章吟味力を鍛える―教科書・メディア・総合の吟味』二〇〇三年、明治図書

（6）詳細は、阿部昇『国語力をつける物語・小説の「読み」の授業―PISA読解力を超えるあたらしい指導』二〇一五年、明治図書

（7）長谷川貴子教諭（秋田公立美術大学附属高等学院）が秋田大学教育文化学部附属中学校に勤務していた際に阿部との共同研究で構想し教材化したものである。

【問題提起】

2 アクティブ・ラーニングの光と影

久田敏彦(大阪青山大学)

学習指導要領の改訂のたびに教育実践が振り回されてきた経緯がある。今度はアクティブ・ラーニングである。アクティブ・ラーニングとは「課題の発見・解決に向けた主体的・協働的な学び」(「教育課程企画特別部会 論点整理」、以下「論点整理」と略す)といわれる。これに対しては、概念が曖昧であるという批判もある。だが、曖昧な概念である方が、かえって授業実践が束縛される危険は軽減される。そのため、物怪の幸いともいえる。それだけに、どのような授業をつくるかを考える一契機にさえする可能性はある。いたずらに右往左往させられるのではなく、その可能性をいかに拓くことができるのか。小論では、この問いにいささかなりとも迫ってみることにしたい。

1 アクティブ・ラーニングへの対応と課題

アクティブ・ラーニングに対してどのような対応があり、そこからいかなる課題が導かれるのかを、まずはごく簡潔にみておこう。

大まかに区別すれば、一つは、先取りして無条件に取り組もうとする対応がある。指導要領改訂の答申も出されていない段階ではあるが、「論点整理」ですでに強調されたからである。だが、この場合、授業の方法だけに目を奪われがちとなるので、その背景やねらいなどを所与の前提とする難点がある。二つは、先取りすることに変わりはないが、たとえば「学び合い」の強調にもみられるように、これまでの理論や実践にアクティブ・ラーニング名を積極的に冠した対応がある。これは、背景やねらいなどは承知したうえでの率先した対応である。だが、背景・ねらいそれ自体の批判的問い直しにまでは至らない[1]。これに対して、三つは、主体的で協働的に課題を発見し解決してきた授業実践が蓄積されてきたし、現に展開されているので「何をいまさら」という感はぬぐえず、従来通りの授業をすればよいとする対応である。ここでは、背景やねらいなどへの批判意識はあるが、逆にこれまでの授業を見つめ直してみる視点は弱く後退する。四つは、アクティブ・ラーニングは教科内容や教師の指導性との関連を不問に付す活動主義や「はいまわる経験主義」に陥る危険があるといった批判的な対応もある。「言語活動の充実」の延長という点からのアクティブ・ラーニング批判もこれに属する。ただし、これらの批判は正鵠を射ているとはいえ、それだけでは今後の授業づくりの展望を行方不明にさせやすい。

これらは、今のところ知りうる限りでのごく粗い区別にとどまる。また、ただ相対的にのみ区別される対応にすぎない。実際にはいくつかが重なる場合があるからである。ただし、このようにみるだけでも、検討すべき課題は必然的に浮かび上がってくる。まとめてみれば、ひとつは、アクティブ・ラーニングに作動するポリティクス（政治）を吟味するという課題である。いまひとつは、授業づくりのこれまでとこれからを問うという課題である。もっとも、これらの課題を見据えた対応がないというわけではない。たとえば、曖昧なアクティブ・ラーニングを再定義し、主権行使力を上位にして主体的判断力、価値創造力、分析・総合力などの形成をめざす教育方法の特徴と実践的すじ道を提示したり[2]、あるいは、知識と活動の二項対立を越えて、深い学習・理解・関与と関連づけたアクティブ・ラーニングを提唱したりするのは[3]、その好例である。あまりに大括りにすぎることは承知したうえでなお、これらは、知性や理性の形成を重視するという点では通底しているように見受けられる。そうだとすれば、それらをどのように形成していくかもまた、いま一度問われることになる。

2　アクティブ・ラーニングに働くポリティクス

ポリティクス（政治）とは、政党政治だけに解消されない権力の浸透作用といわれる。アクティブ・ラーニングにこの種の政治が幾重にも働いていることは見過ごせない。

第一は、方法レベルである。「論点整理」は、アクティブ・ラーニングの提起は「特定の型」の普及ではないという。「具体的な学習プロセスは限りなく存在し得る」ともいう。「特定の型」が普及されては堪らないが、多様であってよいのであればホッとする。そして、ここに可能性を見いだすこともできる。しかし、「特定の型」の押し付けは否定するが、アクティブ・ラーニングという方法自体は押し付けている。しかも、①問題発見・解決、②対話的な学び、③学習活動の振り返りといった視点を設定し、それによる「指導方法の不断の見直し」を説く。そのため、アクティブ・ラーニングの過程がこの視点にさらに縛られるのは必至となる。対話的な学びなどは大変重要ではあるが、強制される謂われはないのである。ここに、政治が認められる。これでは、内容ばかりではなく方法をも統制してきた学習指導要領の今日的バージョンというほかはないのである。

第二に、内容レベルである。つまり、方法の強調の裏で教科書のあり方・内容は不問に付すという政治である。それは、アクティブ・ラーニングが活動主義になるという批判をさすのではない。活動主義といえども何かに取り組む活動である限り、何らかの内容が前提とされる。無内容の活動はあり得ない。この点からみると、アクティブ・ラーニングが前提とする内容は、やはり教科書にあることになる。その内容は後述する「資質・能力」から今後見直されるようである。したがって、どのような内容の教科書となるかは定かではない。だが、他方で、「資質・能力」から見直された教科書であっても、教育基本法にある教育目標との関連を明示しなければならない編集趣意書に基づいて作成され、検定され、使用を義務づけられた教科書のあり方は自明視されている。「論点整理」でこれに関する言及が皆無なのは、その逆の証左である。これでは、概念規定のなかにある「課題の発見」が泣く。きわめて制限された課題になるほかはないからである。そして、その行き着く先は、アクティブ・ラーニングを介した教科書内容の鵜呑みとなりかねないのである。象徴的にいえば、たとえば、社会科や地歴・公民の教科書で記載されるだろう「集団的自衛権」や「原発」などの政府の統一見解は疑わせないといった具合にである。

第三に、目標レベルである。知られているように、アクティブ・ラーニングの目標は「育成すべき資質・能力」に収斂されている。「論点整理」は、学力の三要素に照らして「何を知っているか、何ができるか（個別の知識・技能）」、「知っていること・できることをどう使うか（思考力・判断力・表現力等）」、「どのように社会・世界と関わり、よりよい人生を送るか（学びに向かう力、人間性等）」が「資質・能力」の柱だという。知識と活用力の、「教える」ことと「考えさせる」ことの二元論はここでは問わないにしても、それらは「二〇三〇年の社会の在り方」や「社会の変化」に応じた「資質・能力」とされる。そのさい、「社会の変化」とは、予測困難な時代とはいえ、明らかにグローバル化や急速な情報化などをさしている。このグローバル化・情報化への対応を直接求めているのは教育政策の為政者であるが、さらに元を辿っていくと、その中心に座るのは経済界の労働力要請である。エンプロイアビリティ、人間力、就業基礎能力、社会人基礎力、学士力などの「新しい能力」が「グローバルな知識経済の下での労働力要請」を背景にしていることはすでに指摘されてきた。[4]「資質・能力」はその延長上にある。二〇一〇年代に限定するだけでも、たとえば、日本経団連はグローバルビジネスで活躍する「グローバル人材の育成」を提言し（二〇一一年）、その後、大学ばかりではなく初等・中等教育にもそれを求めた（二〇一三年）。また、経済同友会は激動のグローバル社会・経済のなかで市場競争を勝ち抜ける真に求められる人材を提示し、アクティブラーニングに期待を寄せた（二〇一五年）。これらは、大学教育の「質的転換」答申（二〇一二年）、「社会を生き抜く力」（教育振興基本計画二〇一三年）、教育再生実行会議第七次提言（二〇一五年）などで描かれる、社会変化に応ずる人間像とさほど変わりはない。文科省関係者も「工業化社会における人的資本」から「新しい社会経済システムを創り出す力」への転換を率直に語るほどである。[5]特定階層の意向の直接的反映である「教育政策の私事化」[6]といわれる事態の一端である。だが、それればかりではない。「論点整理」は、教育基本法の教育目的を上位として踏まえるとしつつ、教育目標にあるナショナリスティックな部分はしっかり貫徹させ、「郷土や我が国が育んできた伝統や文化に立脚して」という文言は外さない。そしてそれに「協働する力」「リーダーシップ」「チームワーク」などといったグローバル化対応の「資質・能力」をも重ねる。学力の一要素といわれる「学習意欲」を「人間性」に拡張する内実が、ここに見て取れる。つまり、口を開けて待っているグローバルな知識経済を生き抜ける人材養成を前面に掲げながら、なおナショナル・アイデンティティへの政治的統治を組み込み、そのアイデンティティに再びグローバル人材に必要な資質・能力を融合させるという政治である。

このような政治を実質的に規定し返すことのできる、アクティブ・ラーニングを逆活用した授業の構想・実践が、求められているのである。これを、次にみてみよう。

3 アクティブ・ラーニングの活用を示唆する授業

ここでは、謎の多い寓意小説「急行列車」(ディーノ＝ブッツァーティ)を教材とした高橋智佳子の実践(中3)を一例にして考えてみよう。[7]

高橋は、「アクティブ・ラーニングの提唱は、時代の変化に対応した学習の新しい形を切り拓く上で、積極的な意味を持っている」と肯定的にとらえる。だが、提唱されるアクティブ・ラーニングに唯々諾々として従うというわけではない。「教師が構想する学びの道筋で合理的な発問によって進めていく秩序だった問答形式の一斉授業」から「生徒が生徒自身の言葉で表現し学び合う授業」への自身の授業観の転換を補強するものとして位置づけているからである。単なる教師中心の伝達主義から子ども中心の自発主義への転換というのではない。お膳立てした授業のすじ道のなかに子どもの主体的で共同的な学習を教師の指導によって呼び起こし方向づける従来の授業から、一人ひとりの固有の学びの道筋を自分の言葉で自由に表現し他者と交響し、新たな言葉を紡ぎだすことのできるいわば「共同探究」としての授業への転換を意味しているのである。ここに、授業づくりのこれまでとこれからを問う基本視座がすでに示唆されている。

小説の内容紹介は省略せざるをえないが、このような授業観の転換の下で、高橋は概略次のように授業を展開する。まず、子どもたちが関心をもった問い「『わたし』が急行列車に乗って目指す目的地はどこか」から授業を始める。そのさい、一人ひとりの考えをノートに書き、それをもとにした班での意見交流を促す。そのなかで

「今はまだ実現不可能に思える自分の人生の大きな夢」「死」「お父さんという存在」「自分自身」などの多様な読みを本文に戻りながら議論する。その後、全体での多様な意見の発表と話し合いへと導く。そのなかで「死」という意見は母の言葉「おまえは若いんだし、おまえの道を行かなくちゃ」の読みから批判され、この点での共通認識が形成される。最後に再度個人の考えをノートにまとめる。この授業展開は、形式からみれば、課題設定→ひとり読み→班話し合い→全体での話し合い→個人の考えのまとめといった具合に進行しているので、当たり前のように受けとめられるかもしれない。だが、見過ごしてはならない内容が含まれている。一つは、そのさいの課題が子どもが関心をもった問いから構成されている点である。それは、子どもの問いに委ねさえすればよいというのではなく、作品を読むうえでの本質的な問いと重なっていることを意味する。教師もそうとらえているからこそ、課題が構成されているのである。二つは、課題の解決を正解に収斂させようとはしていない点である。高橋は「文章表現に即して根拠を挙げながら自分の考えを形成していくことを目指した」というが、同時に「自由な発想で、人生において大切なものをどのように考えるかを交流する場でもあった」という。正しく読み取らせる読解主義ではなく、自己と作品の往還のなかでいわば「作品を見出す」[8]とでもいってよい授業である。目的地は「死」であるという読みは、文章に即して根拠をもって是正されているが、生活者としての自己と作品とを往還させる営みは、課題の解決の多様さを必然的に導いている。つまり、誤読は避けながらも、課題の解決における複数性を求めているのである。こうしてみると、「課題の発見・解決」が重要ならば、課題の共同選択・共同決定[9]と課題解決の複数性こそが追究されるべきであるという視点が浮かび上がってくる。さらに、三つは、「協働的な学び」に関わってである。高橋は、自分とは違う着目点・想像力・感性・解釈・表現する言葉との出会いと、その出会いを介した自分への向かい合いに、教室で文学作品を読むことの意味を見出す。そのため、その後の小説の寓意に関する授業でも、たとえば、「夢にたどり着こうとして大切なものを捨てた結果、何ものにもなれなかった自分を表している」(真奈)とか、「列車を動かしているのが実は自分自身だと気づきはじめている、このあとその真実に行き着くということを暗示している」（淳）といった意見の対比で学びが深まり、「…最後に『わたし』は機関手の名前を知ろうとしている。…『わたし』の運命を左右する列車を動かす人＝私自身であると言えるのではないか。だから、それを知ることが『わたし』の目的地である」という解釈も生まれている。

ここでの協働も、日頃の授業でよくある話し合いのようにみえながら、実は、欠席がちの真奈やすぐ意見を引っ込めてしまう淳の意見表明がきっかけとなった協働である。高橋は、その根底に「安心して表現し応答し合う関係性」を求める。その関係性は、語ってみたいと思わせる教材内容と同時に、語ってみたい相手との関係からも導かれる。とくに後者は、関係性構築の日頃の展開があってこそである。高橋が、教室の中の「暴力と嘲笑」に対して「自分（たち）の内部にある『不安』の根源を見つめ」合える「安心できる空間」をつくることにずっと心を砕いてきた[10]のは、その証左であろう。

4 新たな「啓蒙」の検討へ

課題の共同選択・共同決定は、教科書内容の批判的検討までをも必然的に内包する。課題解決の複数性は、事実と根拠に基づいた、自己の生活世界からの対象の問い直しと自己の世界のとらえ返しとの往復から導かれる。他者との協働は、教材内容ばかりではなく、安心して自己を表明・表現できる空間の創造によって可能となる。これらを通して子どもたちは理性的認識を自分なりに形成するのである。ここに、アクティブ・ラーニングを活用した授業の視点がある。そこで培われる「資質・能力」は、「社会の変化」に対応するというよりも、社会をともども批判的に創造しあう「資質・能力」になるに違いない。未来の社会をつくる主体は、子どもたちなのである。

それは、別の角度からみれば、「啓蒙のプロジェクト」（ハーバーマス）の授業における新たな追究といえるかもしれない。政治的には啓蒙が実際には専制となったり、思想史的には啓蒙という大きな物語の終焉や啓蒙の自己崩壊が語られてきたり、教育学的には近代教育のまなざし（教師による子どもの囲い込み等）に対して疑義が呈せられてきた。それだけに、啓蒙概念は分が悪い。だが、啓蒙は、理性の光で世界と自己を照らすことを意味する。

より詳しい追究は今後の課題として開いておくことにするが、生活世界に生きる当事者たちが自己を自由に誠実に表現し、そうしうる規範を合意し、文化知を批判的に更新しながら、自己のアイデンティティをも形成するなかで理性の復権を図ろうとする「啓蒙のプロジェクト」を、より複数性に着目して授業実践レベルで追究することが、求められているように思われるのである。

注

（1）西川純『すぐわかる！できる！　アクティブ・ラーニング』二〇一五年、学陽書房。

（2）阿部昇「『アクティブ・ラーニング』の展開可能性と課題―『探究型授業』そして『学習集団』」「読み」の授業研究会「研究紀要」編集委員会『研究紀要16』、二〇一五年。

（3）松下佳代「ディープ・アクティブラーニングへの誘い」同編著『ディープ・アクティブラーニング』二〇一五年、勁草書房。

（4）松下佳代「〈新しい能力〉概念と教育―その背景と系譜」同編著『〈新しい能力〉は教育を変えるか―学力・リテラシー・コンピテンシー』二〇〇〇年、ミネルヴァ書房、三頁、八頁。

（5）合田哲雄「これからの時代が求める資質・能力とは」高木展郎編著『「これからの時代に求められる資質・能力の育成」とは―アクティブな学びを通して』二〇一六年、東洋館出版社、七～九頁。

（6）高橋哲「現代教育政策の公共性分析―教育における福祉国家論の再考―」日本教育学会『教育学研究』第82巻第4号、二〇一五年、一四～一七頁。

（7）以下は、高橋智佳子「伝え合いながら、学びの道筋をつくりだす授業をめざして～小説『急行列車』の読みの授業を例に」日本教育方法学会『第51回大会発表要旨』二〇一五年、および同「伝え合いながら学びの道筋をつくり出す～小説『急行列車』の寓意を読む中学三年生の授業」『生活指導』二〇一二年、高文研、一〇／一一月号による。

（8）藤原和好『語り合う文学教育―子どもの中に文学が生まれる』二〇一〇年、三重大学出版会、七四頁。

（9）たとえば山田綾「テーマを紡ぎ出す」メトーデ研究会『新しい授業づくりの物語を織る』二〇〇二年、フォーラム・A参照。

（10）高橋智佳子「教室の中の嘲笑と暴力―共同への道筋」『教育』二〇〇二年、国土社、六月号。

【「アクティブ・ラーニング」を生かしたあたらしい物語・小説・古典の授業】

3　「アクティブ・ラーニング」を生かして物語・小説の「全体構造」を読む力をつける
――教材「きつつきの商売」（小3）を使って

永橋和行（京都府・立命館小学校）

1　「全体構造」を読むことと「アクティブ・ラーニング」

物語・小説の「全体構造」を読むことの意味は、次のとおりである。

① 作品全体の事件の流れを理解することができる。特に「クライマックス」は、事件の関係性がそこで決定的に変化・確定する部分であり、そこに着目することで、作品全体の流れを俯瞰することができる。

② 作品の構造を俯瞰することで、その作品の大きな形象の流れ・方向性が把握できる。また、その作品の大きな仕掛け（レトリック）も把握できる。そして作品全体の主題も仮説的に予測することもできる。

③ 作品の構造を読みとることにより、次の形象よみで、「読むべき箇所」を、子ども自身の力で発見することができる。特に作品の事件展開は、クライマックスに向かって進行し仕掛けられ位置づけられている場合が多いので、それを意識することで「事件の発展」（節目）をより容易に発見できる。

「全体構造」を読む授業では、教師の発問や指示に基づいて、一人一人読み取っていくのではなく、まず一人一人がクライマックスを見つけ、次に学習グループで話し合いを行い、最後に全体で話し合いをしてクライマックスを確定していくというプロセスをとる。そのことによって、より作品の構造の読みとりが深くなる。また、読みとりの質も高くなる。そして、子ども一人一人が主体的に取り組める。これは、学習集団の指導ともいえる。

国語の授業において、様々なアクティブ・ラーニングの実践があるが、「話し合い・学び合いによって、読みを深める」という観点で考えると、今まで私たちが大切に実践してきた「学習集団の指導」が有効である。ここでいう学習集団の指導とは、ただ単に話し合いの仕方（方法）だけを指導するのではなく、「学習活動の中で子どもを主体的に学習に参加させていくための指導」という考えも入っている。

なお「クライマックス」の性質は次のとおりである。

① 事件（人物相互の関係等）が一番大きく変化、確定するところ。
② 緊張感の高いところ。（ハラハラドキドキする）
③ 描写性の高いところ。（表現の工夫がなされているところ）

しかし、初期の段階では、小学生の子どもに前述の三点を示しても理解が難しいことがある。そこではじめは「作品の中で、最も大きく変化し、確定するところはどこか。」と発問し、「そこ（クライマックス）で何が大きく変化し、確定したのか。」ということを子どもと丁寧に読みとることが多い。

2 「きつつきの商売」（林原玉枝）（小3）の全体構造

本稿では「きつつきの商売」を取り上げ、物語・小説の「全体構造」とアクティブ・ラーニングについて考えていく。

この教材は光村図書三年の教科書に収録されている。もともと『森のお店やさん』（アリス館）に掲載されている様々な作品の中の、二つの「きつつきの商売」の話を教科書のために一つにしたものである。

森の住人であるきつつきが、自分の特性を生かして「おとや」の店を開店する。そこにまず野うさぎがやってきて、ぶなの音を注文する。きつつきは、ぶなの木の幹をくちばしで力いっぱいたたいて「コーン。」という音を出す。ぶなの木の音がぶなの森にこだまして、野うさぎもきつつきもうっとりした時間を過ごす。ここまでが「1」の場面である。

ぶなの森に雨がふり、きつつきは新しいメニューを思いつく。そこに野ねずみの親子がやってきて、「特別メニュー」を注文する。みんなはしいんと黙って、目を閉じて「特別メニュー」の音を聞く。それはぶなの森のずっと奥深くから聞こえる雨の音である。野ねずみの親子は、ずうっとずうっと特別メニューの音につつまれているという話である。これが「2」の場面である。

「1」の場面が「2」の場面の伏線になっているととらえて作品を読み取る。その場合「1」を前ばなし、「2」を主要な事件ととらえることができる。

「2」を主要な事件とみた場合、野ねずみの来店を発端であるとする考えもある。しかしそれをとらないのは、「雨」→「新しいメニュー」→「野ねずみの来店」と続いており、野ねずみの来店だけを事件のはじまりととらえることはできないからである。

「きつつきの商売」の全体構造は下段のとおりである。

「クライマックス」について考えていく。

雨が降り、きつつきは新しいメニューを思いつく。そこに野ねずみたちがやってきて、新しいメニュー

事件

導入部　展開部　山◎場

冒頭　P12L1　(1)きつつきが、お店を開きました。――

発端　P15L5　(2)ぶなの森に、雨がふりはじめます。――

山場の始まり　P19L1　きつつきは、木のうろから出て、――

クライマックス　P20L6　ぶなの葉っぱの、
シャバシャバシャバ。
地面からの、
パシパシピチピチ。
葉っぱのかさの、
パリパリパリ。
そして、ぶなの森の、
ずうっとおくふかくから、
ドウドウドウ。
ザワザワザワ。

結末＝末尾　P21L12　――雨の音につつまれていたのでした。

（※　終結部ナシ）

（頁数・行数は、教科書のもの）

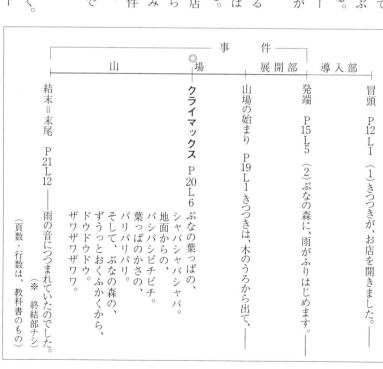

のこと　を話す。「今朝できたばかり。」「あしたはできないかもしれない。」「とくとく、とくべつメニュー。」そして「ただ」と新しいメニューは語られるが、その中味は知らされない。新しいメニューって何だろうと期待を持たせる語り方である。そしてそのメニューの中味が示されるのがここである。

また、雨が降っていることで、野ねずみたちも「顔じゅうびしょぬれ」、きつつきも「ぬれた顔」である。そして「おせんたくができない」「おにわのそうじも」「草の実あつめも」「おすもうも」できないことが羅列される。雨が降っていることでの否定面（よくないこと）が次々にあげられる。それが、クライマックスにおいて反対に肯定的な面（よいところ）へと変化する。

さらに、擬音語の使用、前後の行空き、音で文末を結んでいること（音を強調）など工夫された表現になっている。

「クライマックス」の根拠をまとめると次となる。

①新しいメニュー（音）が、雨の音であることが、ここではっきりわかる。

②「1」の音はきつつきが作った音（人為）だったが、「2」の音は雨の音（自然）であることがわかる。

③雨のとらえ方が、否定的なものから肯定的なものに変化している。

④文章の前後が一行空きになっており、さらに擬音語が使われて、音を強調している。

3　「きつつきの商売」の指導計画

「きつつきの商売」の学習指導計画を次のように全8時間で立てた。

①教師の範読。新出漢字、読み替え漢字、難語句の意味調べ　1時間

②作品の構造を理解する（構造よみ）　2時間

③形象を読み取る（形象よみ）　4時間

（「1」、「2」の場面の形象を詳しく読みとる）

④「1」と「2」の場面を対比させながら、作品の主題（テーマ）を読みとる　1時間

②の「作品の構造を理解する」（特にクライマックス

を見つけて、その変化を読み取る）の実践記録を次に紹介する。

4　国語の授業において「アクティブ・ラーニング」をどうとらえるのか―授業記録

次の授業記録において、学習班での話し合いの指導や学習リーダーの指導等について、実践例を示す。

立命館小学校三年S組（男子16名、女子12名、合計28名）の授業記録である。二〇一六年四月の授業である。なお枠内は、授業についての授業者の永橋自身のコメントである。

授業で論議になった部分は次のとおりである。


「さあ、いいですか。今日だけのとくべつな音です。お口をとじて、目をとじて、聞いてください。」

みんなは、しいんとだまって、目をとじました。

目をとじると、そこら中のいろんな音が、いちどに聞こえてきました。

ぶなの葉っぱの、
シャバシャバシャバ。
地面からの、
パシパシピチピチ。
葉っぱのかさの、
パリパリパリ。
そして、ぶなの森の、
ずうっとおくふかくから、
ドウドウドウ。
ザワザワザワ。

「ああ、聞こえる、聞こえる、雨の音だ。」

「ほんとだ。聞こえる。」

「雨の音だ。」

「へえ。」

「うふふ。」

野ねずみたちは、みんな、にこにこうなずいて、それから、目を開けたりとじたりしながら、ずうっとずうっと、とくべつメニューの雨の音につつまれていたのでした。

教師①　クライマックスはどこですか。
子ども　私は、二十ページから二十一ページにかけての「ぶなの葉っぱの、シャバシャバシャバ。～。」の雨の音全部だと思います。（B）

子ども　僕は、その前の「さあ、いいですか。今日だけのとくべつな音です。お口をとじて、目をとじて、聞いてください。」だと思います。（A）

子ども　私は、二十一ページの「ああ、聞こえる、雨の音だ。」と思います。（C）

はじめに数人を指名して教材文を音読させ、一人一人に、クライマックスを見つけさせ、そこに線引きをさせてある。その後、学習グループで話し合いをさせて、全体の場で発表させている。三つの意見については、それぞれ本文に出てくる順にA・B・Cと教科書に記入させた。

教師②　他にありませんか。三か所クライマックスの候補が出ました。では、意見を言ってください。

子ども　僕はAがクライマックスだと思います。理由は、ここでいよいよ、特別メニューの中味がはっきりするからです。

子ども　私はAではないと思います。Aは「お口をとじて、目をとじて、聞いてください。」と言っているだけで、特別メニューの音はまだ聞こえていません。だから私はBがクライマックスだと思います。

子ども　そういうのなら、Bの音は何の音だかわかりません。私は、雨の音だとはっきりするのはCだと思います。

教師③　皆さんの意見を聞いていると、クライマックスはどうやら「特別メニューが何であるのかがはっきりわかるところ」という話し合いになっているようですが、それでいいのですね。

子ども（全）　はい。

教師④　では、もう少し話し合いを深めましょう。意見をどうぞ。

子ども　さっきも意見が出ましたが、Aは違うと思います。ここでは特別メニューの中味はわかりません。この後はっきりするからです。

教師⑤　Aの意見の人、いいですか。納得ですか。まだはっきりしていませんね。ではBかCに絞り込んでいきましょう。

話し合いを絞り込んでいくときに、子どもの発言にもよるが、可能性の低い意見をまず出させて、それを消していくという消去法をとることがある。出された意見を整理することで、話し合いの論点をはっきりさせることは大切なことである。

子ども　雨の音だとはっきり書いてあるのはCだけど、シャバシャバシャバとかパシパシピチピチからも雨の音だとわかると思います。

子ども　それに、1の話では、「コーン。」という音でぶなの木の音だとはっきりしました。だからここもBで雨の音だとわかると思います。1の話も2の話も同じだと思います。

教師⑥　皆さんいいですか。雨の音だとはっきり書いてあるのはCだけど、Bでも十分に雨の音だとわかりますね。では、クライマックスはBでいいですか。

子ども（一斉に）　いいです。

教師⑦　クライマックスは決まりましたが、いったいここで何が大きく変わったのですか。そこがまだ十分に出ていません。もう一度学習グループで話し合ってください。変わったことを二つ以上考えてください。

学習グループの話し合いは、みんなを論議に巻き込んだり、少人数なので考えを発表しやすかったりするので有効である。しかし、話し合いの方法や学習リーダーへの指導も丁寧に行わないと、騒がしくなってしまう。また、個別に各グループの話し合いに教師が入り、助言や評価を行うとともに、各グループの意見を集約し、その後の全体での話し合いの構想を考えることも重要である。

教師⑧　では、クライマックスで変化したことを発表してください。

子ども　わからなかった特別メニューの中味がはっきりわかりました。

教師⑨　そうですね。それはさっきクライマックスを決めるときに出ていた変化ですね。他の変化はありませんか。

子ども　1の話と比べてなんですけど、1の話の音はきつつきが出した音だけど、2の話の音はきつつきではなくて雨の音です。

教師⑨　よく気がつきましたね。今の意見を別の言い方をするとどうなりますか。

子ども　……。

教師⑩　きつつきは何？
子ども　動物です。
子ども　わかった。きつつきは動物だけど、雨は自然の音です。
教師⑪　そうですね。動物（人）の音から自然の音に変化していますね。これで二つ変化を読み取りました。もうありませんか。
子ども　・・・・。
教師⑫　２の話の中で、雨のことについて、何か変化はありませんか。野ねずみさんたちの雨に対する感じ方はどうですか。
子ども　はじめは、野ねずみたちは顔じゅうびしょぬれで、お洗濯ができないし、おにわのそうじも草の実あつめもお相撲もできなかったけど、クライマックスで特別メニューの雨の音に包まれていたと書いてあるから、何かいい感じに変化しています。
教師⑬　雨に対する感じ方が変わりましたね。「否定《ひてい》」から「肯定《こうてい》」への変化と言います。ノートに書いて覚えましょう。

話し合い（討論）のある授業を大切にしたいと思う。時間がかかったり、指導の大変さがあったりするが、教師が発問し、子どもが答えるという一問一答式の授業から抜け出したい。この授業を通して、アクティブ・ラーニング（学習集団の指導）を使った学習方法が有効であることを改めて実感した。
　最後に、クライマックスで大きく変化したことを三つ板書し、それをノートに書かせて授業を終えた。

【「アクティブ・ラーニング」を生かしたあたらしい物語・小説・古典の授業】

4　「アクティブ・ラーニング」を生かして物語・小説の「形象・表現技法」を読む力をつける―小学校

――教材「一つの花」（小4）を使って

鈴野高志（茨城県・茗溪学園中学校高等学校）

1　「形象よみ」の指導ではここを重視する

「読み」の授業研究会では、物語・小説における授業の指導過程を、①構造よみ、②形象よみ、③吟味よみ――として提起している。

そのうち二読目の「形象よみ」は、作品中の「鍵」となる言葉に着目して読みを展開していく。その際に、まずは事件展開の節目に目を着ける。作品のレトリックにも注目する。「鍵」に着目し、その部分を中心に読みを重ねていく。それにより、だんだんと作品の主題が少しずつ浮かび上がってくる。

小学校・低学年であれば、はじめは教師の側から読みとるべき「鍵」の箇所を指定してもよい。その上でその部分を読み深めていく。しかし中学年になれば、自分たちの力で少しずつ「鍵」に着目できるようにしていく方がよい。まずは、構造よみで明らかにしたクライマックスを意識しながら、事件展開の節目を探していく。反復や比喩などのレトリック、表現上の工夫もヒントとなる。事件展開の節目は、際立って読者にアピールするように工夫して書かれているからである。

「鍵」となる部分に着目していく過程でも、その部分を読み深めていく過程でも、アクティブ・ラーニングが効果を発揮する。特に効果的なのがグループを用いたアクティブ・ラーニングである。その際にも教師の助言が必要であるが、何より子どもたちが自力で「鍵」を発見していく過程を重視したい。

形象よみでは、「鍵」に着目する過程でも、その部分を読み深めていく過程でも、あまり国語が得意でない子どもたちの思考が追いついてこないことがある。その結果、国語が好きだったり得意だったりする子どもだけが反応し、そうでない子どもは置いてけぼりを食ってしまう状況が生まれかねない。教師の側も、発問の意図を汲みとって発言してくれる子どもに、つい頼りがちになるという悪循環が生じることがある。しかし小グループによるアクティブ・ラーニングを取り入れることにより、あまり国語が得意でない子どもも「鍵」となる言葉を見つけ出し、またそこからどのような形象が読みとれるかを追究する過程に主体的に参加することが可能となる。

教師が、思考が進まない子どものところを一人一人回って指導するという非効率な事態も避けられる上、読みが多くの子どものものとなる。

また、グループ内のだれかの発言がヒントになって、それまで考えがまとまっていなかった子どもの思考が刺激され、結果としてグループ内の話し合いが活発になり、思考が深まることもある。

なお、各グループには、話し合いの進行のための「学習リーダー」を置く。教師は授業の中で必要に応じて「学習リーダー会」を行い（黒板の前などにリーダーを集める）、グループで話し合う内容についての確認や、グループでの話し合いが終わって全体での討論に入った時の挙手の方法などを指示しておく。

2　子どもたちにつけられる力

では、アクティブ・ラーニングを取り入れた「形象よみ」の授業で、どのような力を子どもたちにつけることができるのか。私は次の三点を特に強調しておきたい。

> ①作品の中で「鍵」となる文や言葉に（構造よみを意識しつつ）自力で着目できる力をつける。
> ②着目した鍵の部分を、a 前の事件展開との関係など文脈を意識しながら読み深める、b レトリックを意識して読みを深める――などの力をつける。
> ③形象を総合することで主題を把握する力をつける。

これらの力は一斉型の指導でも、全くつけられないわけではない。しかし、先にも述べたように、一斉指導の場合はごく限られた子どものペースで授業が進められてしまう可能性がある。結果的にその子どもたちしか力をつけられなくなる。また、子ども相互の対話によって、より質の高い検討が展開できる。グループの形式を取り入れることにより、より多くの子どもたちに右の三つの力を有効につけていくことができる。

3　「一つの花」のクライマックスを読む授業

次に紹介するのは、「一つの花」（今西祐行）（小4）のクライマックスを読む授業である。二〇一六年六月に、筆者が茗溪学園中学校1年E組で行った授業を一部再構成したものである。二コマの投げ入れで行い、一時間目には「構造よみ」と前半部分の「形象よみ」を行っている。

「一つの花」は、戦時下の食糧不足の時代に、「一つだけちょうだい」と言うことで食べものがもらえることを覚えた幼いゆみ子と、そんなゆみ子を不憫に思う両親、そしてその父親の出征の場面が描かれた物語である。クライマックスは、いよいよ父親が出征するその時になって、駅のホームで「一つだけ」とだだをこね始めてしまったゆみ子に対し父親が、「ゆみ。さあ、一つだけあげよう。一つだけのお花、大事にするんだよう――。」と、ホームの端に咲いていたコスモスの花を手渡す場面である。小学校教材であり、かつて学習した経験をもつ子どもも多く、文章そのものは中学生にとっては平易に感じられるものだが、内容を丁寧に読みとって深く主題に迫っていくことは、そう簡単ではない。

一時間目では、導入部の「ゆみ子のはじめてはっきり覚えた最初の言葉」である「一つだけちょうだい。」について、特に次の「お父さん」のセリフと行動の描写を取り上げて読んだ。

> すると、お父さんが、深いため息をついて言いました。
>
> 「この子は、一生、みんなちょうだい、山ほどちょうだいと言って、両手を出すことを知らずにすごすかもしれないね。（中略）いや、よろこびなんて、一つだってもらえないかもしれないんだね。いったい、大きくなって、どんな子に育つだろう。」
>
> そんなとき、お父さんは、決まってゆみ子をめちゃくちゃに高い高いするのでした。

「めちゃくちゃに高い高いする」からは、父親の、特にゆみ子の将来についての如何ともし難い「不安」と、ゆみ子から繰り返される「一つだけ」を埋め合わせするかのような、やや捨て鉢気味とも言える姿が読みとれる。

以下は、それをふまえた二時間目の授業である。子どもたちは六つの生活班をさらにAとBの二つずつに分け、四人のグループを作っている（一部三人グループである）。黒板には前時にクライマックスとして決定した次の会話文が書かれている。

「ゆみ。さあ、一つだけあげよう。一つだけのお花、大事にするんだよう――。」

教師①　では注目。この文はクライマックスでしたね。この文の中で、特に注目すべき言葉は何ですか。

子ども　「一つだけ」。

教師②　「一つだけ」だね。どうして？

子ども　今まで何回も出てきたから。

子ども　題名も…

教師③　そう、繰り返して出てきた言葉には注目するんだよね。しかも題名も「一つの花」。だけどね、この「一つだけ」は、実は今まで何度も出てきた「一つだけ」とはかなり違っています。どんな違いがあるのかをまず一人一人で考えてください。そして、班で話し合って、できるだけ違いを出してください。はい、じゃあ学習リーダー中心に（話し合い）始め。

一人一人の思考の後、各グループで話し合いが始まる。あるグループでは「今まではおにぎりとか食べ物だったけど…」と早くも核心に迫る発言が出て、同じグループの子どもたちが「そう、そう」と頷いている。また、別のグループでは、学習リーダーが「ねえ、他にない？」とメンバーに発言を促しているのが聞こえてくる。この話し合いは二分半行われた。

教師④　では、どのような違いがあるのか、各班一つずつ発表してください。二つ以上見つかっているところもあるかと思いますが、一つずつ発表してください。はい、どうぞ。（クラス内、ほぼ全員、一斉に手が挙がる。）じゃあ、二班A。

子ども　今までは、お母さんが「一つだけあげる」って言っていたけど、今回はお父さんが（花を）あげた。

教師⑤　今まではお母さんが言っていた…だれが言ってから「一つだけあげる」って言っていたの？

子ども　ゆみ子。

教師⑥　ゆみ子だね。ゆみ子のお願いがあって、「一つだけ」。今回はお父さんから「一つだけ」って言っているっていうことだね。ほかに…はい、六班A。

子ども　今までは、もらえても、もっともっと欲しいから「一つだけ」って言っていたのにこれに関してはもうお花をもらえたことがうれしい。

教師⑦　ひとつもらえて、うれしい。そうだね、後を読んでも「足をばたつかせて」喜んでいるからね。はい、まだあるかな？　一班のB。

子ども　いつもは「不安」の「一つだけ」だったけど、今回は「お花、大事にするんだよう」って言っている。

教師⑧　いつもゆみ子が「一つだけ」って言うと、お父さんの不安がかき立てられてしまった。でも今回は「大事にするんだよう」…はいOK。さらに…四班B。

子ども　今までは食べ物だったけど、今回は花。

教師⑨　そうだね。今までは食べ物、今回はお花。これ、最初に出ると思ったら最後に出たね。そしてこれ、お父さんから言っているということ、ゆみ子が喜んでいるということ、それから「大事にするんだよう」ということ、みんなから出たこれらをふまえた上で、考えてください。戦争という状況。この戦争という状況の中で、「食べ物」と「お花」には、どんな違いがありますか。二回目の話し合いです。どんな違いがあるかを話し合ってください。はい、始め。

戦時下での「花」の持つ象徴性に迫っていくための重要な発問である。一斉授業の場合、このような発問に対しては、他の多くの子がまだ考えている途中で、よく読める子だけが手を挙げて答えてしまいがちである。しかしグループでの話し合いでは、全員の子どもに考える時間が保障される。実際、あちこちのグループから、「食べ物は生きるために絶対必要だけど花は違う」という声が聞こえてくる。さらに、「でもそれは戦争中じゃなくても同じじゃない？」「戦争中は特に、だよ。」というやりとりをしているグループもある。対話によって読みが深まっているのである。

教師⑩　戦争という状況の中で、「食べ物」と「花」の違いを考えて発言してください。ええと、まだ発言していない班…では五班のB。

子ども　この時代では、食糧の方が大切だったけど、花は簡単に手に入って価値があんまりない、という違い。

教師⑪　食糧の方が大事だし、お花は簡単に手に入ってしまう。いいね、他に。

子ども　この頃は食べ物が大切だから、みんなの関心が食べ物にいきがち。花は関心がいかない。
教師⑫　戦争中だから、食べ物に関心がいって、花は？
子ども　どうでもいい扱い。
教師⑬　どうでもいい扱いになってしまう。うん、そうだね。ええと花の悪いところばっかり出ているんだけど、それは戦争中だからでしょう？　本来花はどういうもの？
子ども　きれいなもの。
教師⑭　きれいなもの。どうやって楽しむの？
子ども　見て楽しむ。
教師⑮　そうだね。だとしたら、花というのは、むしろ戦争というよりは、どういう状況の中でみんなに注目されるもの？
子ども　（口々に）平和。
教師⑯　平和ですよね。「平和」を表しています。つまり「戦争」とは？
子ども　真逆。
教師⑰　真逆。正反対のもの、対極にあるものです。

この後、クライマックスの後の部分の読みで教師は、お父さんがゆみ子やお母さんを見つめるのでなく、「一つの花を見つめながら」汽車に乗って行ってしまったことに注目させ、その理由についてグループでの最後の話し合いをさせた。子どもたちからは、「平和を願ったこと」と、コスモスは戦争に行ったお父さん代わりだから。」という理由が挙げられた。そしてその花がゆみ子の手に握られていることから、「ゆみ子への、平和な世の中で幸せになってほしいという願いが込められていること」を、子どもたちは読みとることができた。

二時間の投げ入れ授業で多少早足の部分もあったが、アクティブ・ラーニング型の話し合いを用いたことによって、多くの子どもたちが自分の読みを広げ主題を把握していくことができた。

【「アクティブ・ラーニング」を生かしたあたらしい物語・小説・古典の授業】

5 「アクティブ・ラーニング」を生かして文学作品の「形象・表現技法」を読む力をつける――中学校

――教材「字のない葉書」(中2)を使って

竹田博雄(大阪府・高槻中学校高等学校)

1 「形象よみ」の有効性について

「形象よみ」は、作品の言葉や表現に着目しながら、そこから、意味のある事柄を読み取っていく指導過程である。その有効性は、例えば、次のように四つにまとめられる。

①構造よみで摑んだクライマックスを意識することで、着目すべき事件の節目の箇所が自力で見えてくる。

②着目すべき箇所の、表現の特徴やレトリックから、多様に形象が読めるようになる。

③作品の事件展開上の仕掛けや伏線が発見できるようになる。

④それらを総合しつつ主題に迫ることができる。

これらの指導は、教師の発問と子どもの答えという一斉問答による形式でも指導はできないわけではない。しかし、そのような問答だけでは、必ずその授業に参加できない子どもたちを生み出す危険がある。

それを克服するものとしてアクティブ・ラーニングがある。これを生かすことで、形象よみが、より深く豊かに展開でき、また、特定の子どもだけが参加する形象よみの授業を乗り越えることができる。

授業で教師は、子どもと一対「多」だが、子どもにとっては、先生と一対一である。しかし、例えば、グループによる「学び合い」という学習形式を採り入れると、子どもも、他の子どもたちと一対「多」の関係となる。この形式による交流を通して、反論、賛同、自分にはない発想への驚き、感心、修正、再主張、振り返りといった刺激の与え合いが可能になる。

それによって、授業に参加できない子どもを作らないだけでなく、多くの子どもがより読みを深化させることができるようになる。また、自分で考えようとする姿勢も身についてくる。

子どもたちの思考を促し、その認知プロセスを保証しうるような授業として、意見の交流が図れるような形式を重視すべきである。

文学作品の形象よみで大切なことの一つは、作品の伏線や仕掛けを読むことである。それが作品の読みを豊かにし、作品の主題に迫る読みの力をつける。形象よみは、その力を育む。気付かせる力をつけさせることが出来る。こうして思考や読みが深まっていく。そんな深い学びを生むために、教師にとって重要なのが、どのような「問い」で子どもらに「何を」考えさせるかである。

2 「字のない葉書」の表現技法

「字のない葉書」（向田邦子）（中2）は、教科書に長く掲載されている教材である。前半部が後半部の展開をおもしろくするための大きな仕掛けの役割を担っている。この作品では、前半部が後半部の伏線となっているともいえる。子どもたちがその仕掛け・伏線に気づくように授業を展開していきたい。これは、今後も生きる大切な国語の力である。

設定した「問い」は「前半部分の役割とは何か？」である。この問いを端緒に、最後に次の最終段落の形象を読んだ。


あれから三十一年、父は亡くなり、妹も当時の父に近い年になった。だが、あの字のない葉書は、誰がどこにしまったのかそれともなくなったのか、私は一度も見ていない。

前半部分は以下のとおりである。


死んだ父は筆まめな人であった。

私が女学校一年で初めて親もとを離れたときも、三日にあげず手紙をよこした。当時保険会社の支店長をしていたが、一点一画もおろそかにしない大ぶりの筆で、

「向田邦子殿」

と書かれた表書きを初めて見たときは、ひどくびっく

りした。父が娘宛ての手紙に「殿」を使うのは当然なのだが、つい四、五日前まで、
「おい邦子！」
と呼び捨てにされ、「ばか野郎！」の罵声や拳骨は日常のことであったから、突然の変わりようにこそばゆいような晴れがましいような気分になったのであろう。

（中略）

ふんどし一つで家中を歩き回り、大酒を飲み、かんしゃくを起こして母や子供たちに手を上げる父の姿はどこにもなく、威厳と愛情にあふれた非の打ちどころのない父親がそこにあった。

暴君ではあったが、反面照れ性でもあった父は、他人行儀という形でしか十三歳の娘に手紙が書けなかったのであろう。もしかしたら、日頃気恥ずかしくて演じられない父親を、手紙の中でやってみたのかもしれない。

（中略）

父は六十四歳で亡くなったから、　この手紙の後、かれこれ三十年付き合ったことになるが、優しい父の姿を見せたのは、この手紙の中だけである。

この手紙も懐かしいが、最も心に残るものをと言われれば、父が宛名を書き、妹が「文面」を書いたあの葉書ということになろう。

この前半部の後、後半、妹の「字のない葉書」の話題へと移る。よって、構造的には、この前半部は「導入」的な役割を担っている。そして、疎開先から戻ってくる妹を迎えるクライマックスへと展開する。

夜遅く、出窓で見張っていた弟が、
「帰ってきたよ！」
と叫んだ。茶の間に座っていた父は、はだしで表へ飛び出した。防火用水桶の前で、痩せた妹の肩を抱き、声をあげて泣いた。私は父が、大人の男が声を立てて泣くのを初めて見た。

あれから三十一年。父は亡くなり、妹も当時の父に近い年になった。だが、あの字のない葉書は、誰がどこにしまったのかそれともなくなったのか、私は一度も見ていない。

3 「字のない葉書」の授業記録

授業日時　二〇一六年五月十日（火）2時間目
授業学級　高槻高等学校一年一組（男子40名）

この作品は、子どもたちが中学2年の時に一度、取り上げている。「あの時よりも、もっと深く読もう！」

といって投げ込みで行った。教室は4～5人1班で8班ある。事前に各班の発表者を決めている。発表者が班の司会も務める。

教師① 今日の授業は、最後の段落を読んで、今現在の「筆者」の、「父」に対する心情を読み取ります。

教師② ではまず、この文章は構成上、大きくいくつの話から出来てる？

子ども 二つ。

教師③ 話の中心はどっち？

子ども 後半。

教師④ では、前半はなぜ要るの？ 前半の話の役割って何？ 2分間、自分で考えて下さい。

（ここで自分で考える時間として2分間を与えた。）

教師⑤ では、3分間、意見を交流して下さい。班で共通した意見が出れば、それを班の意見として発表してもらいます。では、各班発表して下さい。

（ここでグループの話し合いの時間3分間を確保した。）

子どもたちは、一斉に自分の意見を言い始めた。話し合いが活気づいていたので、各グループの机間指導に移る。

どの班も、前半と後半を対比させて、後半の役割を考えようとしている。話し合いが進まない班には、「もし、前半がなかったら、ある人物の人物像が全く読めなくなると思うが、どうだろう？」「前半と後半を比較してみて」「どうしてあそこがクライマックスだったの？」「誰が変化したんだっけ？」等の助言を与えて回った。

3分後、司会者に、班の意見を簡潔に一文にまとめるように指示し、各班発表させた。

次の意見が出てきた。

1班　父のいい所を強調した。
2班　父の普段の人物像を伝えるため。
3班　後半、泣く父を強調するため。
4班　前半の父との差を強調するため。
5班　泣いた父の姿を強調するため。
6班　父のホントの姿を見せるため。
7班　前半の姉との違いを描くため。

８班　後半、泣く父の伏線。

教師⑥　（すべて板書して）全班共通してるのは、「父」の違いですね。後半の「父」を際立たせるための前半、ということですね。

教師⑦　では、前半と後半の「父」を対比してみましょう。前半の「父」はどんな「父」？

「筆まめな」「優しい」など多く出たが、人物像をよりまとめて語っている一文はないかと聞いた。

子ども　「暴君ではあったが、反面照れ性でもあった父」

教師⑧　そう。そんな父であったから、手紙でしか愛情を伝えられない。でも、その手紙の中の父は「やさしい」父だったんだ。

教師⑨　じゃあ、後半の父はどんな父？

子ども　声をあげて泣くような父。

教師⑩　うん。そんな「父」って前半の「父」と比べてどんな「父」？　暴君？　照れ性？

子ども　（口々に）両方違う。暗い、情けない、弱い。

【板書】　前半「手紙の中の父」（「私＝筆者」に対して。）
＝非の打ちどころのない父
後半「声を上げて泣く父」（「妹」に対して。）
＝非の打ちどころ、ありの父

教師⑪　そう。明らかに妹に対する姿は今までの父とは違う。では、それは、なぜ、そう読めるの？

子ども　前半の父の姿と対比されるから。

教師⑫　ということは、問いの答えをまとめよう。前半の役割とは何？

子ども　暴君でも照れ性でもない父の別の姿を強調するための伏線。

教師⑬　確認！　筆者はこの妹の出来事の方が印象深かったんだ。自分のこと以上に。なぜだろう？

教師⑭　なんで？（と強引に一人の生徒を指名）

子ども　…妹には、…直接、…表現したから。

教師⑮　うん。言おうとしてることはわかる。もっときちんと外言化できない？　何を表現した？　妹には大泣きした情けない姿を見せたんだよ？

子ども　…

教師⑯ じゃあ、この出来事について、筆者は最後の二行でなんといってるの？　よく読んで。気になる、引っかかる表現ない？

子ども ……

教師⑰ 最後の「私は一度も見ていない」をよく読んで。プラスに読めば？　見てないからよけいに？

子ども 懐かしい。

教師⑱ そう、見てないからこそ強く思い出す。それだけ？　見てないから自分より心に残るの？　マイナスに読んでみて。「私は」ということは？

子ども 妹は見たかも知れない。

教師⑲ はい。「私」は、何十年も一回も見てない。でも、ひょっとしたら妹や父は見ていたのかもしれない。そんな気持ちが筆者にはあるんだ。

教師⑳ じゃさっきの質問。筆者はなぜ妹の方が心に残ったか？「直接表現した」って意見があったけど、そうですね。筆者には「威厳と愛情」ある姿を見せたけど、これは照れ性でもある父のポーズであり、しかも手紙の中で表現してる。なのにダメな父親の姿は、惜しげもなく妹に直接表現した。姉としてはどう？　三十一年経って、妹の方が心に残るってことは？　筆者は？　今どう思ってるってこと？　自分にも…同じように？…

子ども …どこかで素顔を見せてもらいたかった。

教師㉑ としたら、その葉書を「私は」見てないという表現に表れた心情って？　妹や父に対する、何？

子ども うらやましさ。

子ども 嫉妬！

通常の一斉授業なら、例えば教師⑩の後の「両方違う。暗い、情けない、弱い。」という子どもの発言は出てこないはずである。グループによる話し合い、つまりアクティブ・ラーニングによって子どもの思考が深まっているから出てきたと考えられる。最後の「うらやましさ」「嫉妬」（教師㉑の後）も、教師側の説明でなく、子どもから出たのは意味が深い。グループによる活動があったから出てきたのである。

【「アクティブ・ラーニング」を生かしたあたらしい物語・小説・古典の授業】

6 「アクティブ・ラーニング」を生かして物語・小説を「吟味・評価」する力をつける
――教材「やまなし」を中心に

加藤郁夫（読み研事務局長）

1 「吟味」「評価」「批評」（吟味よみ）とは何か

読み研では、文学作品の深層の読みとして次の三つの過程を位置づけている。

1　構造よみ
2　形象よみ
3　吟味よみ

「吟味よみ」は、指導要領などにいう「自分の考え」を述べたり、「構成や展開、表現の仕方について評価」したり、「批評」する過程にあたる。読み手が作品を主体的に評価したり批評を行っていく過程である。構造や形象を読み深めた上で、もう一度作品全体を見直してみるのである。書かれ方の優れたところや面白いところを取り上げ評価する。また、作品の物足りないところや納得出来ないところを取り上げて、なぜかを考える。さらには、それらの考えを意見文に書く。読み手が、作品の意味を改めてとらえなおす過程といってもよい。

これまで文学作品を扱った授業では、作品を絶対的なものととらえる傾向が少なからずあった。作品に感動するのが当たり前、作品は生き方や考え方を示してくれるものとなり、文学の読みは道徳的傾向を帯びることになった。その結果、文学作品からは、何らかの教訓的なものを読みとるものだといった意識が子どもたちの中に形成されていった。もちろん教材としてすばらしい作品を取りあげていくことは大切なことである。だからといって、すべての生徒が作品に感動しなければならないわけではないし、そこに人生のあり方や生きる指針を読みとらねばならないわけでもない。作品の構造や形象を読み深めていくことと、子どもたちが作品をどのように受けとめ、評価するかという問題は分けて考えなくてはならない。

2　吟味よみで、どのような力をつけるか

第一に、吟味よみを通して子どもたちの主体性を育てていくのである。作品を評価するためには、評価する側の内実が問われていく。良いところを評価するためには、良いところがわかっていなくてはならない。作品の工夫や仕掛けが、またその魅力がわかるからこそ、それを評価できるのである。

その意味で、吟味よみは、子どもたちの中に作品を評価するものさしを創っていく過程といえる。構成や構造、形象の読みの中で、文学作品独自の表現や技法そして工夫やその効果を子どもたちがより深く理解できるように指導していくことが必然的に求められていく。

その積み重ねの上に、作品を評価できる主体を形成していくのである。なぜ良かったのか、どこが良かったのか、どのように面白かったのか……。自分が面白く感じたのはどうしてだろうかと、自らに問いかけ、その問いに根拠をあげて答えていける力を育てていく。

二つ目に、作品をつきはなし、対象化して見ることができる力を育てていく。文学作品は、登場人物や語り手の視点に添って読むがゆえに、場合によって登場人物に感情移入したり、寄り添って読むことになる。それが文学作品の魅力の一つでもあるのだが、そこにとどまっている限り作品を一面的にしかとらえることができない。吟味よみは、形象を読み深めてきた上で、もう一度全体を振り返る読みであるがゆえに、作品に浸るのではなく、作品をつきはなして見ることが求められる。対象化できるからこそ、批評的に作品を見ることができるようになる。それはものごとを冷静に客観的にとらえることのできる力へとつながっていく。

三つ目に、子どもが道徳的な読みから抜け出すことを可能にする。これまで、ともすれば国語の授業には、道徳的な要素がつきまとっていた。特に文学作品では、何らかの教訓的な読み、もしくは道徳的な価値を見出すような読みが求められてきた。個々の教師がそれを意識しようとしまいと、潜在的に道徳的な価値がそこに求めら

れてきた。

もちろん教科書に載る以上、否定的な価値を持つものが除外されていくことはある意味当然といえるかもしれない。しかし道徳的な国語の授業の結果、高校生になっても文学作品を道徳的に解釈しようとする生徒が多く存在するのも事実である。意識的であろうとなかろうと、子どもたちの中で文学と道徳がつながっているのである。そのことが、子どもたちから文学の魅力を奪っていないだろうか。道徳的な文学が、子どもたちから魅力的でなくなっていくのは当然の結果といえよう。吟味よみは、道徳的な読みから抜け出し、文学の面白さや魅力を子どもたちの前に展開していくうえでも有効といえよう。

四つ目に、吟味よみは、読みから書きへと発展させていくことで、書く力を鍛えることにつながる。これまで国語科教育においては、読むことと書くことはそれぞれ別の場面で指導されてきた。しかし、もともと読みと書きはコインの裏表のように、相互に補完しあう関係である。読むことが書きへとつながり、書くことで読みが深まる、そのような指導こそが望ましい。吟味よみでは、子どもたちが吟味の中で考えたことを意見文に書いていく。感想文のように、子どもたちが何を書いていいかわからないと戸惑うものではない。吟味を通して、子どもたちの中に形成された考えを書くのである。論理的に表現する力を鍛えるのである。

3 「比較」を切り口に、吟味する

私は以前に、吟味よみの七つのポイントを次のように述べた。(『国語授業の改革』一三号、二〇一三年)

①構成・構造の特徴を吟味する
②人物を吟味する
③事件の展開を吟味する
④テーマ(主題)を吟味する
⑤表現技法・作品の仕掛けなどを吟味する
⑥設定や語り手などを変えて比較する
⑦他の作品と比較する

どこに着目して吟味を行うかは、一様ではない。作品の有り様によって、吟味のポイントも変わってくる。ここでは、右の指標を踏まえ実践的な方法として、「比較」を中心に考えていく。比較は、オリジナルな作品に対して、別のものを提示し、どちらがよいかを考える方法である。物事を考えていく上での基本的な方法の一つといえる。

構成・構造の特徴を考えることは、一般的な構成・構造との比較である。設定や語り手を変えて、同じ作家の別の作品と比べて、テーマや設定などが似ている作品と比べるなどによって、オリジナルな作品の特徴が見えてくる。比較することで、作品の仕掛けや工夫が明らかになり、どちらが面白いのか、どちらの方が魅力的なのか、それはどうしてなのか……と考えていくことができる。

また、二つのうちの一つを選べばよいのであるから、子どもたちにとっては、考えるポイントが絞られてわかりやすい。オリジナルとの比較であるから、オリジナルのもっている意味を明確にする。さらに意見文を書く場合にも、なぜそちらをよいと考えるかという理由を中心に書かせることで、書き方もわかりやすい。

小学校低学年では、吟味よみよりも構造よみ・形象よみに重点を置いて指導していく方がよい。作品の構造に着目できる力、一語一文にこだわって、作品の形象をより深く読んでいくことができる力を育てていくのである。そのような中でも、表現技法や仕掛けの面白さに目を向けさせていくことは有効である。

たとえば、小学1年の「おおきなかぶ」の面白さは、かぶを抜く動作の繰り返しにある。おじいさんが引っ張っても抜けない。そこでおばあさんを呼んできて引っ張る。それでも抜けず、まご、犬……と呼んでくる。その繰り返しの面白さをとらえるために、繰り返しのない形（おじいさんが引っ張って抜けなかった後に、みんなで引っ張ったら抜けたという展開）と比較することで、繰り返しの面白さが見えてくる。

小学3年の「モチモチの木」では、終結部の次の箇所がない場合と比較する。

――それでも、豆太は、じさまが元気になると、そのばんから、
「じさまぁ。」
と、しょんべんに起こしたとさ。

この箇所がなくても、豆太がじさまのために医者を呼びに夜道を駆け、最後にモチモチの木に灯がついているのを見たという展開に変わりはない。しかし、豆太のイメージはだいぶ変わってしまう。

「大造じいさんとガン」では、光村図書版には掲載さ

れている「まえがき」がある場合とない場合での違いを考えてみるとよいだろう。

「カレーライス」（重松清）では、高橋喜代治が『国語授業の改革』一五号（二〇一五年）において、終わりでひろしがお父さんに謝るように筋を変えたものを提示し、比較することを提案している。本来のストーリーでは、ひろしはお父さんにごめんなさいを言わないままなのだが、そこにもう一つのストーリー（ひろしが謝る展開）を教師が提示し、それと比較することで作品の持つ意味を考える。

比較は、考えることがはっきりしてわかりやすい。意見文を書かせる場合にも、どちらがよいと考えるか、その理由を書けばよいのだから、決まった型で書くことができる。子どもたちにとってわかりやすい吟味の方法といえる。

4 吟味こそアクティブな学びが求められる

子どもたちは比較した上で、二つの内のどちらかに考えを決め、その理由を述べていく。その際、もう一つの考えにも目配りしながら、意見が述べられるようにしていくことが大事である。オリジナルの特徴を明らかにし、それが作品として効果的なのか、有効に働いているのかを検討していけるようにするのである。比べることで、オリジナルの特徴をより深く吟味していくのである。

そのためには、子どもたち一人一人にどちらがよいかを考えさせた上で、班内で、そして全体での話し合いが大事になる。まずは、自分の意見を語れること。そして、自分とは異なる意見に耳を傾けること。そのような話し合いをすることで、自分の考えを補強する意見を取り入れたり、友だちの考えに説得されたりすることもでてくる。吟味よみでは、どちらの意見が正解ということはない。作品の表現に基づきながら、どれだけ自分の意見を主張できるかがカギである。その意味で、吟味よみは本質的にアクティブな学びを求めているといえる。

また、意見交流が豊かになされることで、その後の意見文を書くことが子どもたちにとって容易になっていく。自分の意見を主張し、人の意見を聞くことで、子どもたちの中に、書くための材料がたくさん揃えられる。これまでの書く指導の弱さは、書く材料を子どもたちの中に十分に用意しないままに書かせていたところにある。話し合いや批評文を書くという言語活動を通して、吟味の力を鍛えるだけでなく、話し聞く力、書く力も鍛えられるのである。

6 「やまなし」の吟味よみ

「やまなし」は、小学校の文学教材として難解といわれる作品である。初読で、これまでの作品との違いを子どもたちに聞くと、「大きな事件がない。」「平凡な一日みたい。」「かに達の日常を書いてあるだけで、クライマックスがよくわからない。」「物事が抽象的に書かれている。」といった意見が出てきた。

これまでの物語では、変化が明確であった。「ごんぎつね」では、ごんの兵十に対する思いの変化、さらにはごんの思いを知っての兵十の変化がある。「大造じいさんとガン」では、大造の残雪への見方の変化が中心的に描かれていた。

しかし「やまなし」には、かにの兄弟の成長や春から冬への季節の変化などはあるものの、これまでのような読者にとってわかりやすい変化が見えにくい。ストーリーとしてもかにの兄弟の生活が中心的に描かれているわけでもなく、読者が寄り添うべき登場人物もとらえにくい。

そのような「やまなし」の特徴に目を向けていくという点では、同じ6年生の「カレーライス」と比較して違いを考えていくとよい。「カレーライス」は、子どもたちの日常的な世界の出来事を描いている。対照的に「やまなし」は子どもたちにとっては身近ではない世界を描いている。「カレーライス」と比較して、どちらを面白いと思うか。「やまなし」の方が面白いと思うのであれば、その理由を作品の表現に即して述べるのである。また「カレーライス」の方が面白いというのであれば、「やまなし」が面白くない理由を同じく表現に基づいて述べるのである。ここで大事なことは、「やまなし」の構成や表現の仕方などと関わらせて、自分の考えを述べるようにすることである。そのような中で、なぜ「大きな事件がない」のか、「やまなし」の事件とは何だったのか、と作品を改めて捉えなおすような見方もできるようになっていくのである。

もう一つ。「やまなし」は「五月」と「十二月」の「二枚の青い幻灯」から構成されている。「五月」と「十二月」は対比的に描かれているにもかかわらず、作品の題名は「やまなし」である。なぜ「かわせみとやまなし」ではなく、「やまなし」なのだろうか。「五月」には、まったくその存在を見せない、「十二月」にだけ登場するやまなしがなぜ題名なのだろうか。ここで改めて、「五月」と「十二月」がどのように対比されているか見てみよう。

「五月」かにの兄弟は、幼く、兄弟の区別もはっきりしない。季節は、春。日光のふりそそぐ、昼間。生物の活動する時間帯である。かわせみは、生きるために他の命を奪ってゆく存在として登場する。クラムボンという意味不明の言葉も出てくる。そこは、未知・不知の世界であり、殺し殺される、こわい世界でもある。

「十二月」かにの兄弟は、だいぶ大きくなり、兄と弟がはっきりと区別できる。季節は、冬。月光のさす夜。生き物が休息に入る時間帯である。やまなしは、他にめぐみをもたらすものとして登場する。イサドの意味は、ある程度推測できる。既知・少しわかった世界であり、おだやかな、先に楽しみが待つ世界である。

題名が「やまなし」である理由は、作品の中で直接的に述べられてはいない。作者が、その意味を読者に読みとるように仕向けているともいえる。だからこそ、あえて「かわせみとやまなし」という題と比較の上で、どちらがよいのかを考えてみる。

この課題では、子どもたちの多くは「やまなし」という題名を支持する可能性が高い。その場合でも、子どもたちの意見を変えさせる必要はない。場合によったら、教師が「かわせみとやまなし」の意見を強く主張してもよい。大事なことは、比較検討の上で、改めて「やまなし」という題名のもつ意味が子どもたちの中で深まりを見せることである。

7 「やまなし」の題名を吟味する授業

（以下に示す授業は、二〇一一年に加藤が立命館小学校で行った授業をもとに再構成している）

教師①　この作品の題名は「やまなし」だけど、「五月」と「十二月」が対比的に描かれてきたことから考えると、題名は「かわせみとやまなし」の方がよかったのではないだろうか？　題名として、みんなはどちらがいいと思う？（個人で考え、その後班で意見交流する）

子ども　最初に「二枚の青い幻灯です」、最後は「私の幻灯は、これでおしまいであります。」と、特にどちらをどうとは言っていないから、「かわせみとやまなし」の方が、なんかしっくりするかも。

子ども　ぼくは、「やまなし」の方がよいと思う。確かに、「五月」と「十二月」は対比的に描かれているけど、語り手は、二つを同じように見ていないことが題名からわかる。「やまなし」という題名をつけることで、「十二月」の方を大事にしているとわかる。

子ども　私は、「かわせみとやまなし」という題名の方がよかったと思う。やまなしは「十二月」にしか出てこない。それだけを題名にするのは、何かバランスが取れていない感じがする。

（ここで、「五月」と「十二月」がどのように対比されていたかを再度確認する）

教師②　「二枚の青い幻灯」自体は、どちらがいいとは述べられていなくて、対等に描かれていたね。語り手は、二つの話をわざわざ選んで語っているんだよね。でも題名が「やまなし」だと？

子ども　やまなしの方を重く見ている。

子ども　やまなしの世界がいいと言っているみたい。

子ども　「十二月」は魚が食べられたりすることもなく、平和な世界で、それをいいと言っているのが「やまなし」という題名の意味ではなのかな。

教師③　かわせみはもう来ないのかな？

子ども　また来年になったら来るんじゃないかな。

子ども　「十二月」は平和な世界だけど、それはずっと続くわけじゃない。

教師④　食べたり食べられたりが、なくなるわけではないね。

子ども　平和な世界を望むそんな思いが、「やまなし」としたんじゃないだろうか？

この後、どちらの題名がよいかを話し合った後、自分の考えを二〇〇字程度で書かせる。はじめにどちらをよいと考えるかの結論、次にその理由を書くという形を決め、15分くらいの時間で書かせる。

【「アクティブ・ラーニング」を生かしたあたらしい物語・小説・古典の授業】

7　「アクティブ・ラーニング」を生かして「古典・伝統的な言語文化」を読む力をつける

――教材『徒然草』「高名の木登り」「或人、弓射る事を習ふに」を使って

大庭　珠枝（秋田大学教育文化学部附属小学校）

1　「アクティブ・ラーニング」と古典の学習

「アクティブ・ラーニング」は、二〇一四年一二月の中教審答申「新しい時代にふさわしい高大接続の実現に向けた高等学校教育、大学教育、大学入学者選抜の一体的改革について」において、「課題の発見と解決に向けた主体的・協働的な学習・指導方法」であると述べられている。

国語科においては、教材と出会った子どもたちが問いをもち、その解決のために必要感をもって話し合う、いわゆる「探究型」の学習が「アクティブ・ラーニング」であると筆者はとらえている。これは、たとえば秋田県などでは特別に目新しいことではない。これまで多くの国語教室で実践されてきたことである。

しかし、古典の授業については例外であろうと思われる。教師が知っていることを子どもたちに伝える「知識伝達型」の授業が、まだ根強く行われているのではないだろうか。もしくは、「音読・暗唱をして終わり」という授業に陥っているのではないだろうか。このような授業で、古典を味気ないもの、敬遠されるものにしてしまうのは、非常にもったいないことである。なぜなら、古典は子どもたちにとって魅力的な教材だからである。

二〇〇八年の中教審答申には、「我が国の言語文化を享受し継承・発展させるため、生涯にわたって古典に親しむ態度を育成する指導を重視する」とある。「古典に親しむ態度を育成する」ためには、そうなるような「指導」つまり授業をしなければいけないといっている。

では、どのような授業を目指したらよいのだろうか。一言で言うならば、「子どもたちが『古典は面白いな』と感じることのできるような授業」であると筆者は考えている。ただし、「音読をしてみたら面白かった」「内容がだいたい分かったから面白かった」という表層レベルの面白さに止まる授業ではない。そこからもう一歩読み深めて、作品の仕掛けを発見したり、文章構造の巧みさに気付いたり、作者の表現意図を読み解いたり、自分なりの解釈を深めたりすることの「面白さ」を味わうことのできる授業を目指したい。その結果、「なんだか難しそうな文章」に見えていた古典が、「読めば読むほど新たな発見のある魅力的な文章」へと変容し、価値あるものとして子どもたちの中に息づいていく。

このように、子どもたち自身が古典の魅力を発見していく面白さを実感できるような授業の積み重ねこそが、「古典に親しむ態度」を育てることにつながると考えたとき、見えてくることがある。それは、「古典だからこそアクティブ・ラーニングが生きる」ということである。

古典の読み取りは、用いられている言葉の難解さ故に、子どもたちにとって容易なことではない。一人で読むことには限界があるのだ。だからこそ「アクティブ・ラーニング」（探究型の学び合い）が生きる。

まず、課題に対する自分の考えをもつ時間を保障し、それをグループで検討することで、自分と共通した考えに触れ自分の考えをより確かなものにしたり、自分とは異なる意見に触れて新たな気付きを得たりする。さらに全体で話し合うことによって、一人一人の読みが一層広がったり深まったりし、それまでの認識の更新へとつながる。このような学び合いのためには、子どもたちの疑問や問題意識から派生した課題であることが不可欠である。だからこそ、一人一人が課題解決への意欲をもって、教材文に主体的にかかわりながら学び合うことができる。

では、具体的にどのような授業が可能なのだろうか。実際の授業例を基に検討していく。

2 『徒然草』「高名の木登り」「或人、弓射る事を習ふに」の授業

(1) 教材について

『徒然草』の「高名の木登り」と「或人、弓射る事を習ふに」の二つの章段を扱った。

この二つの章段の内容は、どちらもよくある教訓話である。しかも、その構成がよく似ている。教訓話なのに説教臭くて嫌な感じがなく思わず納得してしまうのは、構成の妙によるところが大きいのではないだろうか。どちらか片方だけを読むより、二つを比べ読みした方が書き方の工夫が見えやすいと考え、あえて二つの章段を同時に扱った。（子どもたちの読みとりの手助けとなるよう、どちらも3段落構成にして提示した。）

　では、どんな書き方の工夫（共通点）があるのか。

「高名の木登り」

1 高名《かうみやう》の木登りといひしをのこ、人をおきてて、高き木に登せて梢《こずゑ》を切らせしに、いと危《あやふ》く見えしほどは言ふ事もなくて、おるるときに軒長《のきたけ》ばかりになりて、「あやまちすな。心しておりよ」と言葉をかけ侍《はべ》りしを、「かばかりになりては、飛びおるるともおりなん。如何《いか》にかく言ふぞ」と申し侍りしかば、「その事に候《さうらふ》。目くるめき、枝危きほどは、おのれが恐れ侍れば申さず。あやまちは、やすき所になりて、必ず仕《つかまつ》る事に候」といふ。

2 あやしき下﨟《げらふ》なれども、聖人の戒《いまし》めにかなへり。

3 鞠《まり》も、難《かた》き所を蹴出《けいだ》して後《のち》、安く思へば、必ず落つと侍るやらん。

「或人、弓射る事を習ふに」

1 或人《あるひと》、弓射《い》る事を習ふに、もろ矢をたばさみて的《まと》に向《むか》ふ。師《し》の言はく、「初心の人、ふたつの矢を持つ事なかれ。後《のち》の矢を頼みて、はじめの矢に等閑《なほざり》の心あり。毎度ただ得失《とくしつ》なく、この一矢《ひとや》に定むべしと思へ」と言ふ。わづかに二つの矢、師の前にてひとつをおろかにせんと思はんや。懈怠《けだい》の心、みづから知らずといへども、師これを知る。

2 この戒《いまし》め、万事《ばんじ》にわたるべし。

3 道を学《がく》する人、夕《ゆふべ》には朝《あした》あらん事を思ひ、朝には夕あらんことを思ひて、かさねてねんごろに修せんことを期《ご》す。況《いは》んや一刹那《せつな》のうちにおいて、懈怠の心ある事を知らんや。なんぞ、ただ今の一念《いちねん》において、直《ただ》ちにする事の甚《はなは》だ難《かた》き。

　まずは、どちらも具体的なエピソード、事例を挙げていることである。事例があることによって、読者は教訓の内容をイメージし、理解して読むことができる。

　また、文章全体の構成も特徴的である。第1段落で具体的な事例を紹介し、第2段落で「聖人の戒めにかなへり」「この戒め、万事にわたるべし」と作者の見解・評価を述べ、第3段落でもう一つ事例を紹介する。このような「例→見解→例」という構成にして例を二つ挙げることにより、説得力をもたせる効果があるものと考える。

一つ目の例の内容や書き方にも共通点がある。それは、「木登りの名人」「弓の師匠」による教訓の話になっていることである。しかも、その書きぶりは物語的であり、「あやまちすな。心しておりよ」などの会話文も用いられていて非常に読みやすい。だからこそ、名人たちの言葉が真実味をもって読者に迫ってきて、説得力につながる。

第2段落の「聖人の戒め」「万事にわたる」といった筆者による評価の言葉も効果的である。「聖人」「万事」という言葉によって、非常にすばらしい教えなのだ、という気持ちにさせられてしまうのである。同様のことが、第1段落に登場した「高名の」「師」にもいえる。凡人ではなく、名人や師匠の言葉だからこそ納得させられる。

そして第3段落でもう一つの例を添えることにより、「他にも似たようなことがあるかもしれないから、自分たちも気を付けよう」と思える。なお、蹴鞠は貴族の遊びであり、「道を学する人」(仏教を学ぶ人)はお坊さんのことである。これらは当時の知識層、つまり読者層である。最後に自分たちにも心当たりのある事例を挙げられ、当時の読者としてはドキッとしたはずである。

また、細部の表現を見てみると、疑問文、反語表現が効果的に用いられていることに気付く。例えば、木登り名人に対して筆者が問いかけている「かばかりになりては、飛びおるるともおりなん。如何にかく言ふぞ」は、読者も感じるであろう疑問である。それに対して名人が、「その事に候。〜」と答えることによって、読者の疑問は即座に解決される。名人の言葉に対してあえて反論を示し、それに反駁させる形をとることで、名人の主張が切れ味よく読者に伝わる効果があるといえる。同じことが「弓射る事」でもいえる。弓の師匠の言葉の後に、「わづかに二つの矢、師の前にてひとつをおろかにせんと思はんや。」と筆者の疑問を反語表現を用いて述べている。その直後に、「懈怠の心、みづから知らずといへども、師これを知る。」という見解を述べている。筆者の自問自答であるが、やはり、いったん疑問が述べられることによって読者は「たしかに自分も疑問に思う」と共感できるし、しかも、その疑問に対する答えが直後に書かれているため、疑問が解決されて納得につながる。

また、「況んや一刹那のうちにおいて、懈怠の心ある事を知らんや。」などのように、疑問を投げ掛けてあえて答えを書かない反語表現には、読者に考えさせる効果がある。

「〜べし」「〜なかれ」といった文末表現など、古典ならではの言い回しが効果的に使われている。

(2) どんな「国語の力」を付けるのか

主に、次の二つの「国語力」を付けることをねらう。

一つ目は、それぞれの「戒め」の意味や共通点・相違点を読みとる力、そして読者を納得させるための様々な書き方の工夫を発見する力である。工夫には、右の(1)で述べたとおり、①「例→見解→例」の構成のうまさ、②会話や描写を用いた物語的エピソードの提示、③「聖人」「万事」などの説得的表現、④「①」とも関わり一つではなく二つの事例を示していること、⑤読者層を意識した事例の提示、⑥あえて反論を示し反駁してみせていること—などがある。

もう一つは、「〜べし」「況んや〜や」「なんぞ、〜難き」など、古典ならではの表現効果に気付く力である。

これらの力は、この作品以外の古典の読みに生きるものであり、さらには古典以外の読みでも生きる力である。

(3) 単元の構想—全5時間（第五学年）

第1時　内容の大体をとらえて感想を書き、単元の見通しをもつ。

第2時　「高名の木登り」の「戒め」を読みとる。

第3時　「或人、弓射る事を習ふに」の「戒め」を読みとる。

第4時　読者を納得させる書き方の工夫を見い出す。

第5時　単元を通しての感想をまとめる。

第1時で多くの子どもが書いている「共感した」「納得した」という感想を取り上げ、「納得させられるのは、どんな書き方の工夫があるからなのだろうか」という学習課題を見いだし、それを第4時で話し合いながら解決していく。単元全体が「アクティブ・ラーニング」となる構想である。同時に第2時〜第4時のそれぞれの時間も「探究型」で進める。

3　授業の実際―第4時

二〇一五年一〇月二八日に、秋田大学教育文化学部附属小学校オープン研修会（五年B組、男子14名、女子16名、計30名）で筆者が行った授業の一部である。机は3～4人のグループの形（全8班）で配置した。

説得力をもたせる書き方の秘密は何か

まず、右の学習課題を子どもたちと共に設定した。そして一人一人に自分の考えをもたせ、グループでの話し合いをもった。その上で、全体の話し合いに入った。左記は、例1にかかわることに話題を絞って話し合っていく中で、子どもたちの意見が鉤括弧の効果に焦点化されていった場面である。（なお、鉤括弧は現代に入ってから読みやすさのために挿入されたものであることは説明している。それでも、「会話文」の意味で「鉤括弧」と言っている子どもと、本来の「鉤括弧」そのままの意味で話している子どもとが混在している。）

子ども　鉤括弧を使って自分の意見だけではなく人の意見を入れることで、説得力が深まるのだと思う。

子ども　関連して、しゃべったことも入れると、実際そうだったってことがわかる。

子ども　自分の意見だけ言うのではなくて、いろんな人の言葉がわかるから、説得力がある。

教師①　他の人の言葉が入っていると説得力があるのはどうして？　会話文がどうして説得力につながるの？

（グループでの話し合いを取り入れ、再度全体の話し合いへ）

子ども　鉤括弧をつけると信じられるし、共感して読めるから。

子ども　兼好法師さんの考えをずっと書いていてもつまらないじゃないですか。木登り名人の言葉を入れると文章自体が面白くなる。

教師②　自分の言いたいことばかりずっと書いていると駄目なの？

子ども　普通の文章だけで書いていると、実際にあった感がないじゃないですか。鉤括弧があると「あっ、ここ話してるんだ」ってわかって、ストーリー性が出てきて面白くなる。

子ども　似ているんですけど、やりとりがわかりやすいし、だれがどう言っているかもわかりやすい。

子ども 自分の頭の中に、映像が出てくるじゃないですか。読むと。

教師①の後のグループでの話し合いを経て、新たな意見が積み重なっていく様子が見て取れる。このあと、例1のよさがほぼ出尽くしたところで、次のように投げかけた。

教師③ 確かに、例1ってすごくよく書かれてるよね。だったら、二つ目の例を出さなくても、言いたいことって伝わるんじゃないのかな？

（グループでの話し合いを取り入れ、再度全体の話し合いへ）

子ども 例1では、師匠とか名人がしゃべっていることを書いていて、当時の読者の貴族やお坊さんたちに身近なもので例を出しているのが例2。だからわかりやすいんじゃないかな。

子ども 例をたくさん読ませることで、色々な場合が考えられる。「他にもあるかもしれないから気を付けよう」って思える。

子ども 例1のところで、まず読者の共感をちょっとだけ得るじゃないですか。その考えで、例1の後に、考えが一つあるじゃないですか。その後に例2を書いてるので、例1の共感をもっと深めて、その後に例2を書いてるので、「ああ、なるほど」って、一番最後に最も共感できるものがくるから、全体的に共感できる。

子ども 最初のところでは、例えば「木登り」だと、安全なところほど気をつけなさいって書いてあるけど、どういう場面でそうなるのかっていうのが、一つしかなくてわかりづらいから、もう一つ出して、そしてその二つ目の意見が具体的だから、例2があるといいんじゃないかと思う。

教師④ 例2の方が具体的で、当時の読者に合うことだ、だから例2も出さなきゃいけない、ということね。じゃあ、当時の読者に関することを先に書いてもいいんじゃない？

例1と例2の順序性に着目させるゆさぶり発問をした。

（グループでの話し合いを取り入れ、再度全体の話し合

い〜）

子ども　最後に強調したいことを出すと、印象に残るので、当時の読者にとって身近なことを印象に残すために、最後に出したんだと思います。

教師⑤　最後に出した方が印象深い。どう？

子ども　（口々に）確かに。

子ども　本を読み始めて、最後、終わって閉じるじゃないですか。そしたら最初の方とか、少し忘れちゃうことがある。

子ども　うん。クライマックスみたいな。

教師⑥　クライマックスみたいな？　だからわざとこっちが最後だっていうこと？　例の順番はどうでもいいわけじゃないっていうことだね。

「説得力をもたせる書き方の秘密」を探っていくうちに、例が二つあることのよさだけでなく、二つの例の順序の必然性にまで気付くことができた。自分たちで発見した秘密だからこそ、「昔の人が、読者のことを考えてこんなに工夫して文章を書いていたなんて」と驚いたり、「自分もこんなふうに書いてみたい」と古典からの学びを自分の中に取り入れようとする意欲をもったりする子どもの姿が見られたのだと考える。

全体での話し合いの最中に適宜、小グループでの話し合いを入れたことで、それまで出ていた意見にさらに上乗せするような考えが生み出された。課題解決に向けた協働的な学び合い、即ち「アクティブ・ラーニング」の手法は、古典の学習に有効に機能することがわかった。

4　おわりに

音読や教師の説明だけで終わってしまったら、子どもたちは古典の面白さに辿り着けない。課題意識をもち、話し合いを通して読み解いていったからこそ発見できた作品の魅力は、「古典の面白さ」として子どもたちの中に蓄積されていく。

「アクティブ・ラーニング」を生かして読み深める古典の授業を通して、これからも古典を楽しむ子どもたちを育てていきたい。

【「アクティブ・ラーニング」を生かしたあたらしい説明的文章の授業】

8 「アクティブ・ラーニング」を生かして説明的文章の「全体構成」を読む力をつける
――教材「おにごっこ」（小2）を使って

加藤辰雄（愛知県立大学非常勤）

1 説明的文章の「構造よみ」におけるアクティブ・ラーニングの有効性

説明的文章の「全体構成」を読む力をつけようとする際に、アクティブ・ラーニングという方法は極めて有効である。「教師―子ども」の問答中心の授業では、文章構成についての考えを出し合ったとしても、結局は教師が解説して終わるという形になりやすい。

「全体構成」をめぐって子ども相互が検討し合い、論議し合い、試行錯誤しながら「全体構成」を明らかにするアクティブ・ラーニングの授業では「教師―子ども」の問答中心の授業では得られない新しい読みを創り出すことができる。それにより「全体構成」を読む力を子どもたちにより豊かに身につけさせることができる。

アクティブ・ラーニングの重要な点は、「課題の発見」「主体的な学び」「子ども相互の共同的やり取り」などである。この教育方法は、説明的文章の「全体構成」を読みとる「構造よみ」において大変有効である。説明的文章を「はじめ」「なか」「おわり」に分けたり、「なか」をいくつかのまとまりに分けたりすることは、単に分けるという作業ではない。どんな「問い」がどこにあるのか。それについてどのように「答え」を具体的に述べているのか。さらに、どのように「まとめ」ているのかを俯瞰的につかむ過程だからである。

文章全体の構成を明らかにする課題に向けて、まず子ども一人一人が自力思考を行い、次にグループや学級全体で話し合い、討論し合い、根拠を挙げながら、課題を解決していくことになる。これは、学級全員の力で新しい読みを創り出すという探究型授業でもある。（詳しくは、加藤辰雄『国語が苦手な教師のための国語授業のアクティブ・ラーニング』（学陽書房）を参照してほしい。）

2 説明文「おにごっこ」の概要

ここでは説明文「おにごっこ」（もりしたはるみ）（小2）を使ってアクティブ・ラーニングの有効性を述べていく。この文章は、おにごっこの「あそび方」と、その「わけ」を述べている。まず「どんなあそび方があるのでしょう。」「なぜ、そのようなあそび方をするのでしょう。」と二つの「問い」を提示する。そして、その「答え」の部分では、三種類のおにごっこの「あそび方」「わけ」をそれぞれ述べている。

一つ目のあそび方は「にげてはいけないところをきめる」あそび方である。二つ目は「にげる人だけが入れるところを作ったり、つかまらないときをきめたりする」あそび方である。三つ目は「おにが交代せずに、つかまった人が、みんなおにになっておいかける」あそび方である。このあそび方のつけ足しとして「おにになった人は、みんな手をつないでおいかける」あそび方を述べている。それぞれこれらのあそび方の「わけ」を述べる。

3 説明文「おにごっこ」の構成・構造の教材研究

この文章は、「はじめ」に文章全体にかかる「問い」があり、「なか」には「答え」が三つ並び、「おわり」には「答え」を簡潔にまとめている「まとめ」があるという説明文の形になっている。この文章の構成は、次のページのようになる。

「はじめ」は、1段落で、次のとおりである。

> 1 ①おにごっこは、どうぐがなくても、みんなでできるあそびです。②おにごっこには、さまざまなあそび方があります。③どんなあそび方があるのでしょう。④なぜ、そのようなあそび方をするのでしょう。

③「どんなあそび方があるのでしょう。」と④「なぜ、そのようなあそび方をするのでしょう。」と二つの問いがある。この二つの問いは「あそび方」と「わけ」という形になっていてセットで提示されている。「わけ」という言葉は、④文の「なぜ～でしょう。」に着目させることで得られる。

はじめ	なか				おわり
1 （問い） ・どんなあそび方があるのでしょう。（あそび方） ・なぜ、そのようなあそび方をするのでしょう。（わけ）	2 （答え1） ・あそび方1 ・わけ	3 （答え2） ・あそび方2 ・わけ	4 （答え3） ・あそび方3 ・わけ	5 ◎つけ足したあそび方 ◎わけ	6 （まとめ） このようにおにごっこには、さまざまなあそび方がある。みんなが楽しめるようにくふうされてきた。

「はじめ」では、文章全体にかかる「問い」が二つあることをしっかり押さえることが大切である。このことがわかれば、「なか」の部分では、二つの「問い」についての「答え」がそれぞれ述べられていることに気づくことができる。また、「まとめ」も二つの「問い」に対応して、まとめられていることに気づくことができる。

「なか」は、2段落〜5段落であり、おにごっこのさまざまなあそび方とわけについて具体的に述べている。「なか」をおにっごっこの「あそび方」という観点で分けると、三種類の「あそび方」に分けられ、それぞれ「なか1」「なか2」「なか3」となる。

「なか」の段落の書き出しは、それぞれ「あそび方の一つに」「また」「ほかに」「ところが」という言葉になっているので、この言葉に着目すれば、「なか」が三つに分けられることがわかる。

「なか1」は2段落で、次のとおりである。

2 ①あそび方の一つに、「てつぼうよりむこうににげてはだめ。」など、にげてはいけないところをきめるものがあります。②にげる人が、どこへでも行くことができたら、おには、つかまえるのがたいへんです。

③同じ人が、ずっと、おにをすることになるかもしれません。④にげてはいけないところをきめることで、おには、にげる人をつかまえやすくなります。

一つ目の「問い」の「答え」は、①『てつぼうよりむこうににげてはだめ。』」など、にげてはいけないところをきめるものがあります。」とあそび方を説明している。二つ目の「問い」の「答え」は、④「にげてはいけないところをきめることで、おには、にげる人をつかまえやすくなります。」とわけを説明している。

「なか2」は3段落で、次のとおりである。

③①また、「じめんにかいた丸の中にいれば、つかまらない。」「木にさわっていれば、つかまらない。」のように、にげる人だけが入れるところを作ったり、つかまらないときをきめたりするあそび方もあります。②おにになった人の足がはやければ、にげる人はみんな、すぐにつかまってしまいます。③このようにきめることで、にげる人がかんたんにつかまらないようになります。④そして、つかれた人も、走るのがにがてな人も、すぐにつかまらずに、あそぶことができます。

「また」で二つ目のあそび方とわかる。一つ目の「答え」では、①「にげる人だけが入れるところを作ったり、つかまらないときをきめたりするあそび方」とあそび方を説明している。二つ目の「答え」では、③「このようにきめることで、にげる人がかんたんにつかまらないようになります。」と「わけ」を説明する。

「なか3」は、4段落と5段落である。

④①ほかに、「おにが交代せずに、つかまった人が、みんなおにになっておいかける。」というあそび方もあります。②このあそび方だと、おにの数がふえていくので、おには、にげる人をつかまえやすくなります。③また、にげる人は、おにがひとりのときより、にげるところをくふうしたり、じょうずに走ったりしなければなりません。④「つかまりそうだ。」と、どきどきすることもふえて、おにごっこが、もっとおもしろくなります。

「ほかに」でまた違うあそび方であることがわかる。一つ目の「答え」は、①「『おにが交代せずに、つかまった人が、みんなおにになっておいかける。』というあそび方もあります。」とあそび方を説明している。二つ目の「答え」は、②「このあそび方だと、おにの数がふえていくので、おには、にげる人をつかまえやすくなります。」とわけを説明している。

そして、5段落は、「ところが、このあそび方は、どきどきして楽しいけれど、おにごっこがすぐにおわってしまいます。」と4段落のあそび方の問題点を指摘し、「おにがふえても、にげる人をつかまえにくくする」ために「おにになった人は、みんな手をつないでおいかける」きまりのあそび方について補足的に説明している。

そして、そのわけを「きまりをつけ足すだけで、おにごっこがすぐにおわらずに、長くあそびつづけることができます。」と説明している。

5段落のあそび方を4段落とちがうあそび方とするのか、同じあそび方としてまとめるのかをめぐって、子どもたちは迷い揺れる。ここは指導のポイントの一つとなる。「つかまった人が、みんなおにになっておいかけるあそび方」という観点で考えると、おにになった人が、みんな手をつないでおいかけても、「つかまった人が、みんなおにになる」という点では同じだということを子どもたちに気づかせたい。

「おわり」は6段落で、次のとおりである。

> 6 ①このように、おにごっこには、さまざまなあそび方があります。②おにになった人も、にげる人も、みんなが楽しめるように、くふうされてきたのです。③あそぶところやなかまのことを考えてきまりを作れば、自分たちに合ったおにごっこにすることもできます。④そのときには、みんなできまりをきめて、それをまもるようにします。⑤あそびおわったときに、だれもが「楽しかった。」と思えるようなおにごっこができるといいですね

「このように」という接続語で文章全体をまとめている。そして、一つ目の「問い」の「答え」のまとめとして、「おにごっこには、さまざまなあそび方があります。」と述べ、「さまざまなあそび方」と簡潔な言葉でまとめている。また、二つ目の「問い」の「答え」についても「おにになった人もにげる人も、みんなが楽しめるように、くふうされてきたのです。」とわけを簡潔にまとめている。

ただ、ここでは二つ目のまとめが、本当に本文と対応しているかを確認する必要がある。本文中には「楽しめ

る」に近い言葉は、5段落にしかない。たとえば2段落④「にげる人をつかまえやすくなります」、3段落④「つかれた人も、走るのがにがてな人も、すぐにつかまらずに、あそぶことができます」などが、この6段落の「楽しめる」につながることを確認するのである。

4 「おにごっこ」の「構造よみ」で身につける国語力

ここでつける力は次のとおりである。

①二つの「問い」(「どんなあそび方」と「なぜ」)＝「わけ」)に気づく力

②右の二つの問いに対し「なか1」「なか2」「なか3」それぞれが答えていることに気づく力

③それぞれの「なか」では、「あそび方」と「わけ」の区別を見分けることができる力

④「まとめ」の二要素―「さまざまなあそび方」「楽しめるように」が、それぞれの「なか」と対応していることに気づく力

⑤「なか」を分ける際に、各段落の書き出しの「一つに」「また」「ほかに」などに着目する力

5 「おにごっこ」の「全体構成」を読む授業実践

次に、「おにごっこ」の「全体構成」を読む授業例を示す。これは、二〇一六年五月に柳田良雄氏が松戸市立六実小学校3年生で行った授業を一部再構成した。

(「はじめ・なか・おわり」の構成表を黒板に貼る)

教師①　「はじめ」は?

子どもたち　問いが書いてある部分。

教師②　「なか」は?

子どもたち　その答えが詳しく書いてある部分。

教師③　「おわり」は?

子どもたち　まとめが書いてある部分。

(1) 「はじめ」の探究

教師④　「はじめ」は何段落ですか? まず一人で考える。

教師⑤　グループで3分間話し合いましょう。

(3分後)グループからの意見が出る。

子どもたち　第1段落です。

教師⑥　なぜですか?

子ども　「なぜ、そのようなあそび方をするのでしょう。」と問いがあるからです。

教師⑦　どの言葉から問いとわかったのですか。
子どもたち　「〜でしょう。」があるからです。
教師⑧　この問いの文に赤鉛筆で線を引きましょう。
子ども　問いはもう一つあります。「どんなあそび方があるのでしょう。」です。「〜でしょう。」があります。
教師⑨　その文にも赤鉛筆で線を引きましょう。
教師⑩　「はじめ」には問いが二つあるんだね。

(2)　**「おわり」の探究**

教師⑪　「おわり」は何段落？　一人で考えましょう。
教師⑫　発表してください。
子どもたち　第6段落です。
教師⑬　第6段落のどの文がまとめになっていますか。
子ども　「このように、おにごっこには、さまざまなあそび方があります。」と「あそびがおわったときに、だれもが『楽しかった。』と思えるようなおにごっこができるといいですね。」です。
子ども　「このように、おにごっこには、さまざまなあそび方があります。」と「おにになった人も、にげる人も、みんなが楽しめるように、くふうされてきたのです。」というところです。
教師⑭　まとめが二つあるのですね。どちらの考えがいいかグループで2分間話し合ってください。
（2分後）グループからの意見が出る。
子ども　「あそびがおわったときに、だれもが『楽しかった。』と思えるようなおにごっこができるといいですね」は、まとめではないと思う。「できるといいですね。」と文章を書いた人の感想みたいになっている。
子ども　「おにになった人も、にげる人も、みんなが楽しめるように、くふうされてきたのです。」があそび方のわけのまとめだと思う。
教師⑮　でも「なか」に本当に「みんなが楽しめる」なんて書いてありますか？
（子どもは、一人一人→グループ→学級全体と検討し2段落④「にげる人をつかまえやすくなります」などを指摘した。）

(3)　**「なか」の探究**

教師⑯　そうすると、「なか」は第2〜第5段落ということになりますね。同じあそび方が書いてあったら仲間です。いくつに分けられるか、一人で考えましょう。

教師⑰ グループで3分間話し合ってください。

（3分後）グループからの意見が出る。

子ども （A）第2・第3・第4・第5段落の四つです。

子ども （B）第2・第3・第4＋第5段落の三つです。

教師⑱ AかBかを話し合います。発表してください。

子ども Bだと思います。第4段落は、「おにが交代せずに、つかまった人が、みんなおにになっておいかける。」と書いてあって、第5段落は「このあそび方は、どきどきして楽しいけれど」と続きだからです。

教師⑲ 「このあそび方」というのは、第4段落のあそび方のことだから続きだというんだね。

子ども 第5段落は「おにごっこがすぐにおわってしまいます。」となっていて、これは第4段落のあそび方のことだから、第4段落と第5段落は同じあそび方です。

子ども 第4段落も第5段落も、おにがどんどん増えていくあそび方なので同じです。

子ども だけど、第5段落は「ところが」と書いてあって、前の段落とちがうことが書いてあるので別々です。

子ども それに、第4段落はおにごっこがすぐにおわってしまうあそび方で、第5段落はすぐにおわらないあそび方なので、ちがうあそび方だと思う。

子ども おにごっこがすぐに終わるか終わらないかは、あそび方の種類とは関係ないと思います。

子ども 第4段落と第5段落は同じだと思う。第4段落は手をつながない増やしおに、第5段落は手をつなぐ増やしおにで、おにを増やすあそび方は同じだからです。

教師⑳ AですかBですか。

多くの子どもたち B

教師㉑ 第4段落も第5段落もおにが増えていくということでは同じあそび方だといえるね。

【「アクティブ・ラーニング」を生かしたあたらしい説明的文章の授業】

9 「アクティブ・ラーニング」を生かして説明的文章の「論理関係」を読む力をつける

——教材「めだか」（小3）を使って

柳田良雄（千葉県松戸市立六実小学校）

1 アクティブ・ラーニングはこの二点

アクティブ・ラーニングの授業をつくる場合、私は次の二点に留意している。

① 生産的な討論を行う

② 全員参加をつくる

まずは「①生産的な討論を行う」についてである。

アクティブ・ラーニングのイメージは様々あるだろう。私は討論の授業を中心として考えている。先生の説明や解説を一方的に聞いて理解する授業や、先生が計画した発問に沿って正解を答えていく授業の対極に位置するのが、討論の授業だと考えるからである。

これまでにたくさんの討論の授業を参観してきた。そこでは活動は華やかだが、何を教えたのかが明確でない授業が多くあった。授業終了直前まで討論が続き、終了のチャイムが鳴り始めてから、

「はい、ではそろそろ終わりにしましょう。今日はたくさんの考えが出されましたね。みんな自分の意見をしっかり言うことができて、いい話し合いができましたね。次の時間もがんばりましょう。」

などと「評価」して終わる。子どもたちの意見が飛び交うので活動はたしかに華やかだが、学力の定着はのぞめない。生産的でない。

これではだめだ。討論の授業で大事なのは終了後の教師の評価である。行った討論で何が深まったのか、なぜ、誰の発言で深まりの方向へ進んだのか、課題は何かといったことをはっきりと示さねばならない。

そのためには終了のチャイムが鳴る数分前には討論を終了し、全員を教師の方へ向かせ、価値づけとなる評価をしっかり伝えるべきである。

さらには、討論途中の介入も臆せずに行うことだ。支援と称して、また子どもの自主性を尊重するとして、途中の介入を行わないとの意見もあるが、私は反対だ。論が曲がってきたら修正を加える、つまり討論の仕方を指導するとの観点を持つことが大事である。

これが「生産的な討論を行う」ということである。

次に「②全員参加をつくる」についてである。

前述の先生の「評価」で「みんな自分の意見をしっかり言うことができて～」とあるが、これは怪しい。数名の学級のならそうかもしれないが、30名程の学級（私の勤務する市の学級の人数はこのくらいである）で「みんな（全員）が意見を言う」とは、難しい。「いい話し合いができた」といっても発言したのはおそらく限られた子どもたちだけであろう。「お客さん」になっている子も何人かいたであろう。これではいけない。

そこで効果的なのは班やグループを用いた学習形態である。数名の班で、まずは論議する。班の学習をリードする学習リーダーを一人決めて、その子を中心に意見を出し合うのである。時間を保証して班のメンバー全員に発言させる。学級全体の前では意見表明が苦手な子も、学習リーダーの援助を受けて、班という単位のなかでは意見を言えるだろう。

他には書いたり、作業したり、賛否の表明をしたりといった形での「参加」もよしとする。参加の形態の幅を広げるのである。大事なのは一人ひとりのそのような参加の仕方を教師が価値づけたり意義づけたりしてあげることだ。

様々な参加の形態を教師が示してあげることで、評価された子どもたちはやる気と自信を持つようになる。また意見をたくさんいうような活発な子たちは「なるほど、わいわいと自分の意見を主張するだけではないのだ。音声言語でアピールする以外にも参加の仕方はあるのか。討論とは深くて、おもしろいな。」と感じるのではないだろうか。教師の柔軟な考えで「全員参加をつくる」のである。

2　「めだか」の論理よみ
「柱」を見つける力と「要約」力をつける

私は松戸市立六実小学校で3年2組を担任している。男子14名、女子16名、計30名の学級である。

二〇一六年六月六日に行った説明文「めだか」（杉浦宏）（小3）の授業である。

「めだか」は、池にすむ小さくて弱々しく見えるめだかが、実は様々な工夫で外敵から身を守ったり、自然の厳しさに耐えて生き延びていく知恵を備えていたりすることを述べた文章である。

「めだか」は「はじめ　なか①　なか②　おわり」に分かれている。構造よみでそのことを学び、論理よみに入った。

以下、「めだか」の、「なか①」の場面の論理よみをどう行ったのか、実際の授業場面で述べる。この授業を通して、「柱の文を見つける力」「要約文を書く力」を身につけさせたいとのねらいを持った。

「なか①」は次の通りである。

> 5第一に、小川や池の水面近くでくらして、身を守ります。水面近くにはやごやみずかまきりなどの、てきがあまりいないからです。
> 6第二に、すいっ、すいっとすばやく泳いで身を守ります。近づいてきたてきから、さっとにげることが上手です。
> 7第三に、小川や池のそこにもぐっていって、水をにごらせ、身を守ります。近づいてきたてきに見つからないようにかくれます。
> 8第四に、何十ぴきもあつまって泳ぐことによって、身を守ります。てきを見つけためだかが、きけんがせまっていることを仲間に知らせると、みんなはいっせいにちらばります。そして、てきが目うつりしている間に、にげてしまいます。

以下実際の授業記録をもとに、解説を加えていく。

3　「めだか」の論理よみ―「柱の文」を見つける

チャイムが鳴り、授業開始。次を指導する。

①学習具の点検　②音読回数（宿題）の点検
③前時の評価　④全文音読　⑤本時の目標提示

なお黒板には教材文を拡大した模造紙大の紙が貼ってある。勉強が苦手な子にとっては教科書のどこを学んでいるのかすぐに理解できない子がいる。常に黒板を見させて確認しながら進めていきたい。

右の①〜⑤を終えて、次のように発問した。

教師　第5段落には二つの文があります。それぞれに①、②と書きましょう。問います。柱の文はどちらですか？番号をノートに書きましょう。

「柱」については説明し、演習問題も行った。前時の「はじめ」（1〜4段落）の読解授業でも行った。ところで演習問題では次の文を示した。

① 柳田先生はスポーツが大好きである。
② 毎日野球を見ている。
③ 柏レイソルに入ろうとしたことがある。（断られた）
④ 今は高飛びの練習をしている。

この4文のうち、柱の文は①である。

子どもたちはこの演習問題での学びをもとにして、次のように説明した。

子ども　柱の文は①です。なぜなら、『柳田先生』の文で教わったように、何々だといっているのが①文だからです。

小学校中学年くらいでは、柱の文の定義をもとに説明することができない子も多い。その場合、例文を引き合いに出させて説明させるとよい。語彙が少ない子どもたちにとっては「〜で習ったときみたいにね〜」と、経験をもとにした言い方になるので説明が容易になる。

ここでは①か②か、全員がノートに書く。教師はここで、発言力のない子のノートを評価するとよい。

教師　暖人君は、何番にしましたか？　ん？　①番。はい、よくできましたね。見せてご覧なさい。うん、ていねいな字で①と書いてありますね。

などと言う。全員参加への手立てである。

二つの文の関係については、②は①の理由であることを確認して次に進んだ。

4 「めだか」の論理よみ―要約する

(1) 六つの選択肢を示す

教師 第2問です。柱の文である①文を要約します。ヒントを出します。「(　　　)身を守る」と要約します。(　)に入る言葉をノートに書きましょう。

要約についても指導してある。しかし、まだ理解できていない子も多いので「ヒント」を示した。これも全員参加の手立てである。

答えは六種出された。すべてを板書して、指示した。

教師 正解は一つあります。あとの五つは×です。正解だと思うアルファベットをノートに書きましょう。書いたらお隣の子と確認し合いなさい。次に、名前マグネットを黒板に貼りにきましょう。どうぞ。

A　水面近くでくらして　9人
B　水面近くで　15人
C　水面近く　2人
D　生きものから　2人
E　第一に小川や池の水面近くで　1人
F　自分　1人

個人名の書かれた縦3センチ、横10センチ程の板マグネットを黒板に貼らせ、立場をはっきりさせる。意欲づけになる。

教師 さあ、分かれましたね。おもしろくなってきましたよ。では自分が選んだ理由を書きましょう。書き方は二種類でしたね。自分がいかに正しいかという守る意見。もう一つは相手がいかに違うかという攻める意見。どちらでもどうぞ、始め。

討論させる場合、まずは意見をノートに書く。この作業を落としてはならない。子どもたちが意見を表明できないと悩む先生方で、書かせることなくいきなり討論をさせている場合がある。「書く」という地道な作業を日常からじっくりとていねいに指導する必要がある。

(2) **学習グループを生かす**

読み研では以前から学習班を用いた授業を重視してきた。学習班はアクティブ・ラーニングの授業においてたいへん効果がある。

私の学級では生活班をそのまま学習の班にもしている。学習リーダー(現在は班長さんが兼務している)が学習をリードしていくシステムである。

この授業では事前に学習リーダーを集めて、次のようなことを確認した。

・授業の途中で班での話し合いを入れるので、そのときはサッと机を寄せ合うこと。

・意見がわからない子には、学習リーダーの意見を写させてあげること。

・発表が苦手な子といっしょに発表の練習をして、その子が発表できるようにすること。

子どもたちに「間違えてもいいのだ」とか「自分の考えを堂々と言えばいいんだ」といった促しを行っても、発表が苦手な子にとってはうまくいかない場合が多い。そこで、このようなシステムをつくることで参加をつくり出すとよい。

学習班を中核にすえた授業形態は、特に高学年の指導において有効である。どんなに入念な教材研究をしても授業が停滞する場合がある。それは子どもたちに学ぶ姿勢がないからだ。子どもたちは、授業とは先生が持っている知識を子どもたちが教わるという流れをイメージを持っている。そうではない。授業とは、先生と子どもたちで共に創りあげるのだとの姿勢を持たせる必要がある。

方法としては、班ごとの発言の取り組み、授業前に学習リーダーに授業の流れを伝えて彼らに見通しを持たせる、学習リーダーが率先して挙手し誤答を発言する、授業後に感想や改善点を述べさせる等、様々ある。

(3) **討論を展開する**

班での話し合いを五分間行った。1班では次のような話し合いが行われていた。

子ども ぼくはBです。だってね、AやDは長いからです。ひなたちゃんはどうですか?

子ども 私もBです。「第一」とかはいらないし、それに小川とか池とかは、あたりまえだからです。

教師 「あたりまえ」ってどういうこと? 光春君わか

る？

子ども　・・・わからない・・・

教師　だったら質問するのですよ。リーダーさん、発表する人を決めておいてくださいね。

班での話し合いを終え、全体での討論に移った。

子ども　Ｅは違います。長すぎるからです。

子ども　「第一に」とかはいらないです。

教師　隆太君（Ｅを選択した子）どうですか？　納得？はいわかりました。確かにＥは違います。

子ども　Ｆは違います。だって「じぶん」というのを（　）に入れたらおかしいからです。

子ども　Ｄは違います。なぜなら生きもののことではないからです。

教師　ストップ。今はＦについて論議しています、Ｄのことは取り上げません。みなさんに言います。今、先生が言ったようなことを、みなさんが言うのですよ。「今はＦのことだからＤは関係ないと思います」というようにね。

子ども　Ｆは意味がわからなくなります。

教師　そうですね。Ｆと同じ理由で間違えているのがあります。どれですか？　つまり、意味が通じなくなる言葉です。ノートにアルファベットを書きなさい。

教師　やめ。どれですか？　Ｃですね。「（水面近く）身を守る」では、意味が通じませんね。ＦとＣは違います。

このあとＤが違うとの意見が出された。「どのように身を守っているのか」と問われているのに「生きものから身を守った」ではおかしいという理由である。

教師　さぁ、いよいよ残り二つになりました。どちらが正解です。「Ａ　水面近くでくらして」「Ｂ　水面近くで」どちらでしょう。ＡかＢ、どちらかのアルファベットをノートに書きましょう。

Ａを選んだ子が11人、Ｂを選んだ子が19人であった。三分の二の子どもが誤答である。そこで次のようなことを学ばせようと考えた。

・短い方がよい、とはいっても意味がずれてしまうようではいけない。

・挿絵と対応させている子がいて、それはよいのだが、とらわれすぎないようにする。

・「くらして」があった文とない文を読んで、差違を考える。

討議ではいろいろな意見が出されたが、決定的な意見は出されなかった。感情的な対立も生じてきたので打ち切った。

教師 正解を言います。Aです。Bは「くらして」がありません。そうするとめだかは、ふだんはいろいろなところにいて、敵がきたときだけ水面近くにいって身を守ると読めてしまうからです。どうですか？

教師 では、今日の討論についてお話しします。手をひざに置いて、先生の方をきちんと向きます。よかったところは三つです。一つ目。夕貴君の発言に対して沙良ちゃんや光春君は「あぁ、そうか」とか「なるほど」と言ってましたね。いいですねぇ、しっかり聞いている証拠です。二つ目。ひなたちゃんが陽輝君の意見に反対したとき、「だれかが言ってたという理由は本当かどうかわからないからよくない」と言いましたね。あのとき、たくさんの子がうなづいていましたよ。よい反対意見でした。三つ目。大知君が教科書のイラストと照らし合わせながら意見を述べましたね。あのような意見が「説得力がある」というのです。復唱しましょう、「説得力がある」、さんはい！（子どもたちが復唱する）では、課題を言います。途中、ふなやこいの魚の話になってしまいましたね。あのとき誰かが「話がずれています」と指摘するのですよ。先生に言われる前にね。そこがまだまだできていませんね。

このように評価して授業を終えた。

評価の留意点は、次の三点である。

a 討論への参加の仕方

b 誰の意見が説得力があり、それにより討論がどんな方向にむかったか

c 課題はなにか

【「アクティブ・ラーニング」を生かしたあたらしい説明的文章の授業】

10 「アクティブ・ラーニング」を生かして説明的文章を「吟味・批判」する力をつける

――教材「動物の体と気候」（小5）を使って

熊添由紀子（福岡県八女市立黒木中学校）

1 「吟味よみ」の指導とアクティブ・ラーニング

「読み」の授業研究会（以下「読み研」）では、数多くの教科書教材の分析やジャンルによる読みの方法を研究し提案してきた。さらにそれを授業化する際には、小グループを使い「個→グループ→全体」という討議の二重方式を重視してきた。深い教材研究と読みの方法を「横軸」とし、授業における討議の二重方式を「縦軸」とし、これらが効果的に働いたとき、子どもたちが主体的に文章を読み深めていく質の高い国語力を身につけさせることができると考えるからである。

「読み研」では「説明的文章」の指導過程を次のように提起している。

○表層のよみ　語句・漢字指導、黙読・音読指導
　　段落番号をつける、資料で調べる
○深層のよみ　Ⅰ　構成・構造よみ（構造分析）
　　Ⅱ　論理よみ（論理分析と総合）
　　Ⅲ　吟味よみ（文章吟味・批判）

表層のよみは文章を読み深めるための準備の段階である。ここでは子どもとの問答や子どもの発表に対する教師の解説という形で授業が進められることが多い。しかし、深層のよみで子どもたちに主体的に文章を読み深めさせるためには、教師の一方的な説明や解説だけでは限界がある。ややもすると、教師がいわゆる「できる」子どもたちだけとの対話で授業を進めてし

まうことになりかねない。すべての子どもが授業の課題に興味をもって考え、自分の考えを友だちに発信したり、友だちの考えと比べながら再考したりすることで、その授業の終わりにはより高い価値の考えを持ったり読みの方法を身につけたりできるのである。特に「吟味よみ」はそれまで学習した「構成・構造よみ」や「論理よみ」をふり返りながら文章全体を総合的にとらえる段階なので、アクティブ・ラーニングが効果的に生きてくる。この稿ではその指導のポイントを述べていきたい。

2　「吟味よみ」でアクティブ・ラーニングを生かすための指導のポイント

(1)　「学び合い」を生む必然性のある課題を準備する

「吟味よみ」の批判的吟味では、例えば本論1で「寒い地方にすんでいるもののほうが、あたたかい地方にすんでいるものにくらべて、体が丸っこく、耳とか手足とかの出っ張り部分が少ない」例として「ホッキョクギツネ・フェネック・ゾウ・キリン」を挙げているが、「この例の出し方は妥当か」という課題を提示することによって、子どもたちの中に意見の交流が生まれる。教科書の「ホッキョクギツネ」と「フェネック」の写真を見ながら耳の大きさや体形を比べたり、ゾウやキリンについての既知の事実を語りながら書かれている文章を検討し始める。

(2)　学習グループと学習リーダーの指導

学習グループでは、学習リーダーの指導が重要である。

①　まずはグループ全員を話し合いに集中させる。
②　次に、できるだけグループの意見を一つにまとめる。
③　グループの意見を発言する者を決める。
④　教師に時間要求を出させる。

「吟味よみ」はそれまで学習した「構成・構造よみ」や「論理よみ」をふまえて文章全体を総合的にとらえる段階なので「構成・構造よみ」や「論理よみ」に比べて課題のレベルが高いことが予想される。そのためどう考えたらよいのかわからない子どもが出てくる可能性がある。その際学習リーダーには、既習の内容をノートで確認したり、「動物の体と気候」の場合は動物の例が何を説明するための例なのかを確認したりして全員を話し合いに参加させるようにする。

(3) グループから全体へ、全体からグループへ

全体の討論で意見交流が活発に行われるためには、教師が論点を整理したり、助言を打ったり、揺さぶりをかけたり、再びグループの話し合いに戻したりすることが必要である。

例えば「動物の体と気候」の本論1の「吟味よみ」で、筆者がなぜ「ゾウはかなり寒い所でもかえる」と述べているのか、その根拠を再度グループで話し合うことで、第6段落の中から根拠を発見させることができた。

3 説明的文章を「吟味・批判」することでどんな「国語力」をつけるのか

説明的文章の「吟味よみ」は三つの指導過程の最終段階であり、それまでの「構成・構造よみ」と「論理よみ」をふまえて文章全体を吟味批判する段階である。

ここで子どもたちにつけたい力は次の二つである。

① 今までの学習を振り返りながら、この文章の優れているところや工夫しているところを根拠を挙げながら指摘できる力(評価的吟味)

② 今までの学習を振り返りながら、この文章の不十分なところを根拠を挙げながら指摘できる力(批判的吟味)

「吟味よみ」は「吟味よみ」の段階で改めて「吟味」をするのではない。「吟味よみ」という段階の学習を積み重ねることで、いずれは第1段階の「構成・構造よみ」や第2段階の「論理よみ」をする際に、「吟味よみ」の視点から文章の優れている点や不十分な点を見つけることができるようになる。そのための方法を身につけるのである。

そうすることで子どもたちに、

③ 発展的な調べ学習や文章をリライトできる力が身につくと考える。

4　教材「動物の体と気候」の教材研究

「動物の体と気候」（増井光子）は小5の説明文である。以下、教材研究をしていく。

(1)　構造

この文章の構造は次のようになっている。

1段落　序論（話題提示）
　いろいろな動物たちが、それぞれの環境に適応しながら生きている

2〜13段落　本論
本論1　2〜6段落　動物の体の形と気候
本論2　7〜9段落　動物の体の大きさと気候
本論3　10〜13段落　動物の毛皮と気候

14段落　結び

(2)　論理と要約

この文章の要約文は次のようになる。

○序論
　暑くてかわいた砂ばく地帯や冬にはマイナス数十度にまで下がり雪と氷にとざされてしまう所にも、いろいろな動物たちがそれぞれの環境に適応しながら生きている。

○本論1
　動物の体の形と気候との間には、一般に寒い地方にすんでいるもののほうが、あたたかい地方にすんでいるものにくらべて、体がまるっこく、耳とか手足とか体の出っ張り部分が少ないというおもしろい関係がある。

○本論2
　寒い地方にすむ動物は、同じ種類の中では、あたたかい地方にすむものにくらべて体格が大きいといわれている。

○本論3
　寒冷地にすむ動物は防寒用のすぐれた毛皮を身に着けている。また、暑いさばくにすむ動物もすぐれた毛皮を身に着けている。

○結び
　動物たちの体は、それぞれに、すんでいる場所の気候や風土に合うようにできている。

要旨は、結びの要約文が、それにあたる。

(3) 吟味

a　評価できるところ

①題名で内容が予想できる。

②いくつかの動物を例に出して説明しているので、わかりやすい。

③写真やグラフがあるので違いがわかりやすい。

④序論の話題提示と結びの結論が対応している。

⑤序論の話題提示を本論で3つ説明しているので納得できる。

⑥三つの本論の書き方がパターン化しているので納得できる。

b　不十分なところ（ここでは本論1に絞る。）

①「体がまるっこく、耳とか手足とかの体の出っ張り部分が少ない」例として、ホッキョクギツネとフェネックの耳の大きさの比較は不十分。

②ゾウは熱帯にすむ動物であり、「かなり寒い所でもかえる」と述べているのは動物園での話であり、話題提示の答えにはなっていない。

③「ゾウの体つきは、どちらかといえば球形に近い」と述べるが、ゾウは耳や鼻が出っ張っているので事実とは違っている。

5 「動物の体と気候」の授業

この日は、右の「本論1」の吟味を行った。

本論1は、まず2段落で次のように気候と動物の体形について述べる。柱の段落である。

> 2動物の体形と気候との間には、おもしろい関係がある。いっぱんに、寒い地方にすんでいるいるもののほうが、あたたかい地方にすんでいるものにくらべて、体が丸っこく、耳とか手足とかの体の出っ張り部分が少ないというけい向がみとめられることである。

その上で、その理由や具体例を挙げていく。この授業で子どもたちが指摘したのは、次の6段落の例である。

> 6動物園関係者の間で、ゾウはかなり寒い所でもかえるが、キリンはむずかしいということがいわれる。それは経験から出た言葉であるが、先に述べたことと無関係ではない。ゾウの体つきは、どちらかといえば球形に近いし、キリンは足や首が長く、どう見ても寒地向きの体形ではない。

授業は、二〇一六年三月二十二日（火）6時限目に行った。福岡県八女市立黒木中学校1年2組（男子14名・女子12名、計26名）での授業である。授業者は熊添由紀子。

教師①　今日は今まで学習してきたことをふり返りながらこの文章の優れているところと不十分なところを見つけて、最後に批評文を書きます。まず、この文章の優れているところを個人で見つけてください。

まず一人で考える時間を十分に取るようにしている。机間指導をしながら、全員が最低一つは、自分の意見をノートにメモしたと確認してから、グループの話し合いに入らせた。

各グループでは、学習リーダーがメンバー全員の意見を聞いている。その上で一致点や食い違う点を話し合い、ある程度まで煮詰まったところで全体への発言者を決めている。

子どもたちは次のところを発見することができた。

○序論に話題提示があるので何の話が始まるのかがよくわかる。
○本論が三つ説明してあるので納得できる。
○題名からも書かれている内容が予想できる。
○動物の例を出しているのでわかりやすい。
○写真やグラフがあるのでわかりやすい。
○本論の書き方が同じなのでわかりやすい。

教師②　では次に、この文章の書き方で不十分だと思うところを見つけてください。本論1に絞ります。本論1の例の挙げ方でおかしいところはありませんか。まず個人で考えてください。（3分間）

教師③　グループの話し合いに入ってください。

個人で考える時間を3分とる間に、学習リーダーに「動物の例は何を説明するための例なのかをみんなで確認するように」指示した。その後グループの話し合いに移ったが、子どもたちはまず学習リーダーの確認を聞いていた。その後すぐに「ゾウって暑いところにすんでるんじゃない？」「ホッキョクギツネは耳は小さいけど体が丸っこいって言えないよね。」等と話し始めた。5分で話し合いをやめるように言ったところ、2分の時間要求が出て延長した。

教師④ では、発表してください。

子ども 「寒い地方にすんでいるほうが耳とか手足とかの体の出っ張り部分が少ない」例で、確かに「ホッキョクギツネ」の方が耳は大きいけれど、体がまるっこく手足の出っ張り部分が少ないかというと、あまり変わらないと思うので、この例ではあまり説得力がないと思います。

子ども 「ゾウの体つきは、どちらかといえば球形に近い」と言っていますが、ゾウの耳や鼻はかなり出っ張っているので、ゾウを寒地向きの体形とは言えないと思います。

子ども 同じようなことで、第6段落に「ゾウはかなり寒い所でもかえるが」とあるけれど、ゾウは熱帯とかに棲んでいると思うので「かなり寒い所でもかえる」とは言えないと思います。

教師⑤ そうですね。ゾウにはアジアゾウ、アフリカゾウ、インドゾウ等の種類がありますが、ゾウは暑いところに棲んでいる動物ですね。では筆者はなぜ「かなり寒い所でもかえるが」と言っているのでしょう? 根拠を本文の中から探しながらグループでもう一度話し合ってください。

> どのグループも学習リーダーを中心にわいわいと話をしている。いくつかのグループから「動物園」のつぶやきがきこえてきた。教師はその一つのグループに入って「動物園だとどうして寒い所でも飼えるの?」と尋ねると、「暖房とかあるからじゃない?」「建物の中は暖かいよね。」等、話がはずんでいる。

では、発表してください。

子ども 「動物園関係者の間で」とあるので、このゾウは動物園で飼われているゾウのことだと思います。

子ども 動物園だったらかなり寒い所でも暖房とかの設備があって飼えるんだと思います。

教師⑥ ここで動物園で飼われている動物を例として挙げるのをどう思いますか?

子ども 「序論」や「結び」に「それぞれの環境に適応しながら生きている」と述べているのは野生動物の話なので、人間が飼育している動物の例を挙げるのは違うと思います。

教師⑦ それでは第6段落ではどんな動物の例を挙げれば良かったことになりますか。

子ども　寒い地方に棲む体がまるっこい動物です。

教師⑧　今日の授業をまとめます。このように吟味よみをすることで、説明的文章の優れているところや不十分なところを見つけることができ、実際に自分が文章を書くときにも生かすことができるのです。では、今日の吟味よみをふまえてこの文章の批評文を二百字程度で書いて下さい。

子どもたちは特に批判的吟味においてアクティブ・ラーニングの力を発揮することができた。それは、本論1に絞って例の出し方は妥当かという課題を提示したこと、動物の例が何を説明するための例なのか学習リーダーに確認させてから話し合いを始めたこと、教師が助言を打ったり、再びグループの話し合いに戻したりしたことが効を奏したと考える。

〈子どもの吟味文〉

最初は納得していました。本論を1～3に分けて説明していたり、例を多く出していたりととてもわかりやすかったです。また写真やグラフを効果的に使っていたり、序論と結びが対応していたりとすごく工夫されている説明文だと思いました。でも、自分の都合のいいような例をあげると、話がかみ合わなかったり、この説明文全体があやしいと疑われるようなことになってしまうので、私も説明文を書くときなどは例の挙げ方に気をつけて書きたいです。

1　「アクティブ・ラーニング」の授業をはじめて授業に取り入れる際のポイント

高橋　喜代治（立教大学）

1　小グループでアクティブ・ラーニングを

アクティブ・ラーニングの授業とはどういうものだろう。普段の授業と何が違うのか。そう思ってまだ本格的に取り組んだことのない先生方、とにかく始めていただきたい。きっと生き生きした国語の授業がつくり出せる。

アクティブ・ラーニングは、煎じ詰めれば、子どもたちが学習課題を協働の学びを通して追究する学び方のことだ。だから次のようなプロセス（要素）が核になる。

①学習課題の設定
②一人一人の自力思考
③グループの話し合い
④学級全体の話し合い
⑤振り返り（リフレクション）

2　はじめて取り組む際の六つのポイント

(1)　ポイント1　まず、考えやすい課題の設定から

まず、子どもが考えやすく発言しやすい課題から始める。たとえば表現から登場人物の人物像を読み取る学習がよい。「ごんぎつね」（新美南吉）（小4）で、ごんは「ひとりぼっちの小ぎつね」と紹介されている。次のような課題を設定して考えさせる。

> 「ひとりぼっちの小ぎつね」から、ごんのどんなことがよみとれますか。三つ以上考えてみましょう。

グループに助言して「ぼっち」や「小ぎつね」（「子ぎつね」ではない）に着目させていけば、間違いなく多様な意見が次々に飛び出す。教師の助言がなくても、子ど

も自ら気づくこともある。グループで出された意見を全体の場でも意見交換させ揉み合えば、さらに多様で確かな読みに到達できる。

また「この物語のクライマックスはどこだろう。」などの適した学習課題である。

(2) ポイント2　小グループは原則として4人でつくる

グループ学習でまず重要なのは、グループの構成人数である。4人が適切なのは、話し合いが効果的に進めやすいからである。校種・学年によらず、話し合いには4人がいちばん効果的だと、グループ学習指導の経験が豊富な先生たちは語っている。私も多くのグループ学習を見てきてそう思う。ただし、学級の構成人数によって3人班ができる場合がある。その場合は特にそのメンバー構成に配慮してあげればよい。

5人～6人のグループだと、グループ数が少ないので教師のグループ把握はよりしやすくなるが、一人一人の発言が保障されにくい。一定の時間の中で全員が発言するには、多すぎる。また、人数が多すぎると、司会の子どもが話し合いをコーディネートすることが難しくなってくる。

(3) ポイント3　一人一人が考える時間を保障する

グループ学習で大事なことは、一人一人の子どもに必ず自分で考えさせ、自分の意見を持たせることである。いきなり話し合わせると、国語の力のある子どもの意見が優先され、あまり自信のない子どもは黙りこんでしまうことが多い。

危険なのは、それでも外見的には、そのグループの学習は成立しているように見えてしまうことだ。仕事柄、現場の授業や教育実習生の授業をたくさん見てきたが、一見しっかりと話し合っているように見えても、ただ誰かの考えを聞いているだけだったりする子どもがいる。それでも最終的にグループ内の国語が得意の子どもがまとめとして発言をすれば、グループ学習の成果として評価されてしまう。そうならないようにするには、グループの話し合いに入る前に必ず一人一人の意見形成の時間をとることが肝心である。それには、話し合いの進め方として、次の手順をしっかり踏ませることだ。

①一人で考えさせる（そのための時間をとる。時間は課題によって決める）。
②次に、一人一人が順番に個人の意見を表明する。
③グループで相互に交流したりまとめたりする。

（4）**ポイント4　考えを書かせ、学びを視覚化する**

グループ学習では、教師が子ども一人一人の考えやグループの学習の状況をしっかり把握することが大事だ。

ではどうしたらよいか。それは可能な限り視覚化を図ることである。個人学習の段階では、教材やプリントに線を引いたりメモをさせたりすることが有効である。

例えば、「ごんぎつね」の構造よみでクライマックスはどこか検討する学習では、「クライマックスはどこだと思いますか。そこに、線を引きなさい」と指示をする。そして、教師はその引かれた線を確認すれば、個々の子どもの読みや学級全体の傾向を把握できる。

線を引くだけでも子どもは意見を言いやすくなる。また、教師も子どもの考えを把握しやすい。

ここで大切なのは、線やメモであって長い文章を書かせないということである。長い文章を書くことは子どもにとって高いハードルである。子どもによってはそこで学習に挫折する。初めはメモ程度で十分である。

（5）**ポイント5　学習リーダーに三つの役目を教える**

効果的なグループ学習のためには、グループリーダーの存在が欠かせない。はじめのうちは次の役目を教えておくと話し合いがスムーズになる。また、学習リーダーが自分の任務をしっかり自覚できる。

①グループの全員に発言を求めること。
②「わからない」も発言として認めること。
③わからないときはすぐに先生に指導を求めること。

これらの役目（リーダー力）は、授業の前に少し時間をとって打ち合わせる。こういうことができるようになったら、すこしずつもっと高度な役目を教えていく。

（6）**ポイント6　全体に発表させ、意見交換を行う**

グループの話し合いの内容は、必ず学級全体で発表させる。その上でグループ同士の意見交換をさせていくことが重要である。

「スイミー」（レオ＝レオニ、谷川俊太郎訳）（小2）で、クライマックス（山のてっぺん）を探す課題では、グループ代表の子どもが次のように発言することがある。「山のてっぺんは『ぼくが、目になろう。』です。どうしてかっていうと、ここで大きな魚になれるからです。」

教師はこの発言を「なるほど、確かに目が入ったから魚になれたんだよね」などと評価しないで、「ここと同じところで別の理由はありませんか」と同じ個所を選んだが、別の理由を持つ他のグループの意見を促したり、「違うところをクライマックスにした班は？」などと異論を引き出す。

このような話し合いのさせ方を「討論の二重方式」というが、探求型のアクティブ・ラーニングでは必須の学習過程である。

3　指導の実際――「化けくらべ」でクライマックス

アクティブ・ラーニングの導入の段階では、物語の構造を読む学習が最適である。ここでは読み研が導入期によく使う物語「化けくらべ」を例にする。

「化けくらべ」のクライマックスは「お花が口に入れようとしたその瞬間、『お花さん、勝ったぞ勝ったぞ！』と饅頭が突然うれしそうにしゃべり出しました。」である。ここで勝敗が決まる。だが、何故、そこがクライマックスなのかについては、意外と言えないことがある。ここでは、クライマックスの指標については指導済みである。（この報告は、高橋が導入期の構造よみのためおこなった数多くの授業の再構成である。）

教師①　では、なぜここがクライマックスなのですか。まず、一人で、それがわかる部分を赤線で囲みなさい。時間は3分。

（教師は、机間を見まわって、子どもの赤線箇所の傾向を把握する。）

教師②　では、班内で出し合って、班として三箇所以上にまとめなさい。理由も考えなさい。時間は5分。

（教師は、班を見まわって、班の赤囲みの傾向を確認する。必要に応じて援助する。）

教師③　では、発表してもらいます。まず、1班どうぞ。

子ども　「前々から化け方を特に自慢していた」の所で

化けくらべ

むかし、ある村にお花という狐と権兵衛という狸が住んでいました。二人ともたいそう化け上手で、化け方のうまさを自慢しておりました。

ある日、権兵衛狸がお花に向かって、「お花さんは化けるのが上手なようだが、ひとつ私と化けくらべをしようじゃないか」と言いました。前々から化け方を特に自慢していたお花狐は、これを聞くと内心たいへん喜んで、たちまち賛成しました。「そうと決まれば早い方がいいから、明晩、明神様の境内で会おう」という約束をして別れました。

おたがいに相手をあっと驚かせようと、一生懸命工夫を凝らしてあくる晩を待ちました。

お花は、いくら権兵衛さんが化け上手な狸だからといっても、とてもわたしにはかなうまいと得意の花嫁姿になって出かけました。

明神様の鳥居をくぐろうとすると、そこにふかしてのお饅頭が落ちています。いかにもおいしそうに湯気がほかほか立っています。お花は花嫁姿できどっていたのも忘れ、手を伸ばしてお饅頭を拾い上げました。お花が口にいれようとしたその瞬間、「お花さん、勝ったぞ勝ったぞ！」と饅頭が突然うれしそうにしゃべりだしました。

権兵衛が饅頭に化けて、日ごろ食いしん坊のお花をだましたのでした。さすがの狐も、時にはこのように狸に負けることもあったということです。

す。

教師④ 他の班はどうですか。

子ども 同じです。

教師⑤ 1班、その理由を述べてください。

子ども 導入部では「二人ともたいそう化け上手で、化け方のうまさを自慢しておりました」と書いてありますが、ここでお花が「特に自慢している」とあって、お花の自慢の方が強いからです。

教師⑥ ほう、よく気がついたね。で、それがクライマックスの指標とどう関係するの？

子ども だから、自慢するほど上手だったのに、負けちゃったから、予想がひっくり返ったから、逆転した…。

教師⑦ そうね。上手な方がまけたから、逆転だね。そうするとこの話は、自慢していたので負けちゃった、という事件ですか。他に、どうですか？

子ども 僕たちはむしろ「お花は花嫁姿できどっていたのもわすれ、手を伸ばしてお饅頭を拾い上げました。」のところを囲みました。「日ごろの食いしん坊のお花をだましたのでした。」とあるように、お花は食いしん坊で、うっかり油断してしまったからです。

教師⑧　なるほど、油断してたからほんとは上手なのに負けちゃったのね。他の班はどうですか。
子ども　同じです。
教師⑨　で、確かに上手なのに油断して負けたんだけれど、じゃあ、何に負けたの？　そこが指摘できている班は？。
子ども　？
教師⑩　じゃあ、その点、もう一度話し合って。３分。
※教師は班を見まわる。課題に対する答えの傾向を把握する。
教師⑪　先生、ヒントください。
教師⑫　じゃあ、ヒント。権兵衛狸はどうしたの？
子ども　饅頭に化けた。
教師⑬　なぜ饅頭に化けたの？　得意なの？　お花狐は得意の花嫁に化けたんだよ。
子ども　ああ、そうか。得意じゃなくて、お花狐の好きな饅頭に化けたんだ。
教師⑭　そう、だからそういうのを権兵衛狸に何があるっていうの？
子ども　知恵！　工夫！
教師⑮　そうです。ここがクライマックスなのは、ただ勝敗がついたからじゃなくて、お花狐の自慢や油断に権兵衛狸の知恵や用心深さが勝つという価値の転換があるからです。

この授業のポイントは、グループで話し合わせてその結果を意見交換させて学級に全体化したことにある。そのことによって、「化けくらべ」のクライマックスを勝敗だけでなく、用心深さや知恵が高慢さや油断に勝つという転換にあることを子どもたちは読み取ったのである。

2 「アクティブ・ラーニング」の授業で切れ味のある「学習課題」を設定するコツ

建石 哲男（神奈川県川崎市立川崎総合科学高等学校）

1 はじめに

国語の授業において、「深く読む力」とは、表面に書かれていることから、書かれていない裏にあるものを読みとる力のことである。

それを子ども自身が主体的に身につけていくためには、他者との意見の交流を通したアクティブ・ラーニングとしての「話し合い」活動が有効的であり、必要なことでもある。

なぜ、話し合い活動が有効なものであるのか、それは次のような点などが挙げられるからだろう。

①他人の意見を聞くことによって、自分が思いつかなかったこと、気づかなかったことに気づかされ、新しいものの見方、考え方を得ることができる。
②他人に説明しようとすることで、より自分の意見を明確にし考えをまとめることができる。

現在担当している高校生も、毎時の授業感想に次のようによせている。

「自分が思いつかなかった意見が出ておもしろかった。」
「自分の意見にグループで賛成してもらえていたので、今日は自信をもって発言できた。」
「意見の違いから、作品の裏側を考えられて楽しい。」
「自分の意見をきちんと説明できなくてもどかしかった。次回は自分の意見や根拠を説明できるようにしたい。」

このようにアクティブ・ラーニングは子どもたちにと

って楽しくかつ主体的学びとなるものなのである。そして、それを成立させるためには、①個人で考える、②「グループ」で話し合う、③クラス全体で話し合う、という手順を踏むことが大切である。

先ほどの子どもの感想にもあったが、クラスで討論する前に、グループで発言することで、自分の意見に自信を持って、クラスで発言できるようになる子どもも多い。「ぼくも同じように思っていた」「そう！そう！」「言いたいことって、そういうことだよ」「あ、それは思ってもみなかった」などと自分の意見に対して、共感や自信を得たり、自分の意見を一度整理することがグループ内でできる。討論に参加する子どもが、教師と子どもだけの問答の時よりも、明らかに増えていく。

そして、そういった授業は小学校はもちろんのこと、中学校・高等学校においても成立するし、有効な学習方法であるといえる。

しかし、その話し合いを生かしたアクティブ・ラーニングを授業で成立させるためには、子どもの実情にあわせた様々なコツやポイントがある。例えば、授業において話し合い活動を定着させていくには、話し合い活動に子どもたちを慣れさせていくということも大切である。時々、思いついたときだけに行っても、なかなかうまく展開しない。そのために私はできる限り、毎回の授業に一回だけでもグループでの話し合いの活動を入れるようにしている。

また、目の前の子どもの状況や学習段階によっても指導のポイントは異なる。始めてから間もない時期では、とにかく安心して意見を話すことができるように留意する。互いの意見を尊重して認め合うことも大切である。司会役であるリーダーも、誰でもできるように負担の少ないシステムにしている。

2 課題設定の「コツ」

そして、重要なポイントの一つが「学習課題」である。どういった課題がよいのだろうか。忘れてはいけないことは、アクティブ・ラーニングは学習の目標達成のための手段として取り入れる活動であり、「アクティブ・ラーニング」という活動を行うこと自体を目的化してはいけないということである。

つまり、子どもたちに、何を学ばせたいのか、何を身につけさせたいのか、そういったことによって学習課題は決まってくるということである。

(1) 子どもが思いもつかなかった、意外な驚きや発見につながるような課題

「羅生門」(芥川龍之介)の導入部の形象よみで「時」が読み取れる箇所を指摘する課題を話し合わせる。

> 「羅生門」の導入部で「時」が読めるのはどこ?

次の一文からは、人物だけでなく実は「時」も読み取れる。それに気づくことが大切な読みの学習となる。

羅生門が朱雀大路にある以上は、この男のほかにも、雨やみをする市女笠や揉烏帽子が、もう二、三人はありそうなものである。

子どもたちが「自分たちで見つけ、思わぬところを指摘できる楽しさ」が実感できる学習課題は子どもの探究心をくすぐり、非常に有効である。

(2) 意見の相違が明らかになることで、それぞれの考え方の違いなどが明らかになって、読みが深まっていく課題

「ごんぎつね」(新美南吉)で「クライマックス」を見つけようという課題について話し合わせる。

> 「ごんぎつね」のクライマックスはどこだろう?

次の二つが候補として出てくる場合が多い。

A そして、足音をしのばせて近よって、今、戸口から出ようとするごんを、ドンとうちました。
ごんは、ばたりとたおれました。

B 「ごん、おまいだったのか、いつも、くりをくれたのは。」
ごんは目をつぶったまま、うなずきました。

AもBも、描写性が高く、緊張感もあり、読者へ訴えてくるものが強いことから、高校生が話し合っても、この二箇所で意見がぶつかり合う。その相違によるぶつか

り合いが新しい発見を生み出す。

そして話し合いの中で、この作品の主要な事件とは何かを互いに問いあっていく中で、作品への理解を深めていくことができる。そして、「ごんの兵十への見方の変化」「兵十のごんに対する見方の変化」こそが主要な事件であると気がついていくのである。

意見の相違を明らかにすることによって、読みを深めていくことができる課題である。

(3) その課題をめぐって、新しい読みや意見が次々と子どもから出てくる課題

吟味よみとして、授業で「ごんぎつね」の次の冒頭の一文の意味を考えさせた。

> これは、わたしが小さいときに、村の茂平というおじいさんから聞いた話です。

「ごんぎつね」の冒頭の一文がもつ意味は何？

これをめぐって新しい読みが次々と出てきた。

以下がその時の授業記録である。

子ども　私がまた誰かに語っている形になっているのだから「語り継がれている昔話」だということ。

子ども　語り継がれるほど、大切なお話ということ。

子ども　それだけ、みんなの心を打ってきた話。

子ども　「ごんと兵十という世界」と「語られている場」とが二重になっている。

子ども　でも、誰が最初に語ったんだ？

子ども　最初は兵十だよ、他にはこの話を知る人はいないから。

子ども　では、作品の中では、兵十の気持ちをごんが推測しているけど、このお話を兵十が語ったと考えると、兵十がごんの気持ちを推測して、この作品は書かれているという形になっているということ？

子ども　いや、兵十の話をきいて、村人が創作したんだと思うよ。

右のような意見が次々と出てきた。このように創造的な意見が子どもからたくさん出てきて、それが互いを刺激し合うような課題は非常に有効である。

(4) その課題に取り組んだことで、他の読みにつながっていく課題

「羅生門」（芥川龍之介）の導入部の読みが、作品の結末の読みにつながる。このような課題は効果的である。

まず、次の導入部の読みの授業である。

「羅生門」の導入部で「場」が読めるのはどこ？

これは、さきほどの「時」とはまた違う形象である。

> 一人の下人が、羅生門の下で雨やみを待っていた。（中略）所々、崩れかかった、そうしてその崩れ目に長い草の生えた石段の上に、カラスの糞が、点々と白くこびりついているのが見える。下人は七段ある石段のいちばん上の段に、洗いざらした紺の襖のしりを据えて、右のほおにできた、大きなにきびを気にしながら、ぼんやり、雨の降るのを眺めていた。

教師　導入部で主人公はどこにいるのか、「場」が読み取れる箇所を指摘しよう。

子ども　羅生門の下。

子ども　石段に座っている。

子ども　石段の一番上の段に！

教師　では京のどちら側にむかって石段に腰かけてるのでしょうか。文中の言葉を根拠に指摘してください。

子ども　あっ、京の内側だ！「朱雀大路にふる雨の音を、聞くともなく聞いていた」とあるから！

子ども　あ～っ！（納得）

教師　下人はどういう状況でしたか？

子ども　四、五日前に主人から暇を出された。

子ども　行き所がなくて、途方に暮れていた。

教師　では四、五日の間何をしていたと想像できます？

子ども　それは、仕事探しに決まっているでしょ！

子ども　子どもの時から下人として働いてきたようだから、同じ下人として雇ってくれる所を探していたはず。

教師　でも四、五日たって、途方に暮れているということは？

子ども　うまくいかなかった。仕事が見つからなかった。

教師　であるのに、なぜまだ京の内側を見ているのだろうか、話し合い！　３分！

子ども　生まれてから、京の中しか知らないから。

子ども　下人にとって世界とは洛中だけであるから。

まずこの課題は、「(1)子どもが思いもつかなかった、意外な驚きや発見につながるような課題」ともいえる。そして、文中の意外な箇所から下人の今いる「場」が読み取れさらに「場」から、「人物」についてまでが読めることに、子どもは驚いていた。このように子どもにとって、最初思いもしなかった読みにつながる、そういう学習課題は、驚きとともに子どもの学習意欲を喚起するものである。

そして、学習の最後に、次の作品の末尾の一文についての読みとりを行った。

外には、ただ、黒洞々たる夜があるばかりである。
下人の行方は誰も知らない。

教師　このように最後がなぞで終わり、読者にゆだねている形を「オープンエンド」と呼びます。

教師　この「おわり」の先を、導入部で読み取った下人の人物像なども踏まえて、考えてみよう。個人で考えてから、班で話し合います。

子ども　下人の世界は、京の中だけだったのだから、行き先は洛中しかないのではないか。

子ども　クライマックスで、下人は盗人となっても生き延びていくことを決意したのだから、盗人として生きていくはずだ。

子ども　洛中で盗人として生きてくしかないことになる。

そこで「下人は既に、雨を冒して、京都の町へ強盗を働きに急ぎつつあった」(初出)「急いでゐた」(初版)という校正の跡を紹介し、芥川が非常に細部にこだわって校正を重ねたことを説明すると「オープンエンドではなくて、書かなくてもわかるから省いた。」ことに気がついた。そして子どもたちは納得しつつ、自分たちでそこまで考えることができたことに達成感も感じていた。

場について読み深めることで、作品の末尾の読みを深めることができた。この課題は「(4)その課題に取り組んだことで、他の読みにつながっていく課題」といえる。

3 「アクティブ・ラーニング」の授業で「学習グループ」をいかしていくコツ

小林 信次（日本福祉大学）

1 アクティブ・ラーニングの授業と「学習グループ」

どの学級にも、授業になると発言することをためらう子どもがいる。また、落ちつきがなかったり、学習するのに授業への集中が弱くなる子どももいる。

こういう学級でも「学習グループ」を生かしたアクティブ・ラーニングの授業では、多くの子どもが発言し、集中した学習ができやすい。そして、グループ学習と全体での話し合いの相互関係の中から探究的な「学習集団」を育てていけるのである。例えば、文学作品の登場人物の性格の読みは、互いの考えを自由に出し合い、それぞれの考えの根拠や意味づけの妥当性、納得の度合いについて話し合いを重ねていく。とくに、学習グループの話し合いによって、相互の対立する意見をまるごと包むような高い次元の解釈はないかと思いをめぐらすようなっていく。

そして、グループやクラス全体の話し合いで、より一層高め合う授業ができてくる。学習グループを導入することで、クラスの誰もが自分の意見を気楽に言えるようになる。また他の子どもの意見を聞きとり、学び合えるようになる。一人で考えることと他の子どもと新しい考えを生み出すことがスムーズにできるようになる。

学習グループの積み上げにより、お互いの協力・支え合いで力を発揮し、アクティブ・ラーニングが目指す探究的で質の高い学習ができていく。

2 学習グループの作り方

学習グループに入る前に、ペア学習も考えられる。

学習の導入でもあり、学習集団の学びあいとしてのペア（2人）での話し合いも有効である。「2人で話し合って見て下さい」と比較的短時間にできる。したがって、二人での話し合いとグループの話し合いを相互に組み合わせて授業を進めていく。

ここからは、「学習グループ」について説明していきたい。学習のグループづくりは学級の状況にあわせて柔らかく編成していく。

学習グループの作り方としては、次の三つがある。

①生活班を使う。（6人以上の場合は二つに分ける）

②前後左右で3、4人の学習グループにする。

③学習グループをつくる。（男女、能力差など配慮してつくる。この場合も、主として教師が作る場合と子どもが主体的につくる場合がある。）

はじめは、①②がやりやすい。グループ学習に馴れてきた段階で③に進めるとより探究的な学習ができる。

違う意見を引き出しやすいので、男女混合がのぞましい。しかし、男女の学習グループが成立しにくかったら、男女別でもかまわない。

グループの人数は原則として4人とする。ペア交流の場面（2人）と学習グループの場面（4人）が目安である。数があわない場合は、3人でもいい。

3　学習グループとリーダーの指導

初期の段階では、学習リーダーは発言力などを基に教師の指名が望ましい。生活班の班長が学習リーダーを兼ねてもいい。クラスによっては、子どもの互選でもかまわなし、交代しあって進めてもかまわない。

(1)　学習リーダーのやる気を引き出す

①学習リーダーは、発言力とやる気を引き出していく。

②学習リーダーは司会役からはじめ、取りまとめができるようにしていく（学習リーダー以外にグループで、話し合いをメモする記録係をつくる場合もある）。

③リーダーの交代は、グループの編成替えの時行うが、うまくいかない場合は、交代して行う。

(2)　学習リーダー会議をもつ

①授業中のグループの問題点を聞き出したり、進め方について助言していく。

②一日一回は、短時間の会議を持つのが望ましいが、持てない場合は一週間に一回以上行う。

③「グループで困っていることはないですか」「グループで記録を取るといいね」「むだなおしゃべりにならないようにリーダーがまとめるといいね」と具体的に繰り返し指示、助言していく。できるだけリーダーの活躍をほめて伸ばすようにしていく。

④それ以外にも、リーダー指導を授業前と授業後に適宜行い丁寧な助言をしていく。

(3) 全体で自由な発表・発言ができるようにする

発言への評価で、活発な話し合いを意図的に演出する。「山田さんの発言がいいね。さすが学習リーダー」「2班のリーダーの鈴木君の発言は、深い読みだったのでとってもよかった！」などの評価をしていく。

(4) 発表できない子への援助をする

教師が側について、「そのところを発言したらいいよ」と促したり、学習リーダーに援助してもらう。初めて発言したときは、「黒川さん、あそこの発言がよかったよ」と丁寧に評価していく。

4 学習グループの話し合いのコツ

次のような「『グループの話し合い方』カード」をもたせ進め方を確認する。

> 「グループの話し合い方」カード
> 1 これから○○について話し合います。
> 2 じゅんばんに発表します。
> （メンバー全員発言。時間がたりないときは時間要求）
> 3 話し合いをまとめます。
> 4 発表することを決めます。
> 5 だれが発表するかを決めます。

次に学習グループの話し合いをスムーズにしていくためのいくつかのコツを示しておきたい。

①まず、個人思考の時間をとる。その後「ペアで話し合ってみて」「グループで話し合ってみて」と指示し、机を移動させるようにする。

②グループでの話し合い時間は3～5分間程度として、この時間に慣れさせる。ストップウォッチ、キッチンタイマー、砂時計などを使って、「残り、何分です」

と時間を守らせる。

③グループでの話し合いで発言できない子どもがいる時は学習リーダーや他のメンバーの考えを参考にして「○○君の考えについてどう思う?」と助言する。

③グループでの話し合い中は、「その意見を出してみたらいいよ」と声をかけながら教師は机間指導をする。

④円滑に話し合いが進まないときには、教師がリーダーの傍で「こうしたらどうかな」と支援をする。

⑤発言させたいグループには「その考えはいいね。発表してみて!」と促す。

⑥すんなり話し合いが終わったグループには、「Aの考えだけでいいの。理由がまだあるよ」などと、さらに話し合いを進めるように助言する。

大事なポイントは、教師は、3〜5分間に全部のグループを巡視し、各グループの考えをつかむ。できるだけメモしておいて、全体の話し合いの時、全部のグループから意見が出るようにする。違う意見が出るようにしていく。

5 学習グループを生かした授業

グループを生かしたアクティブ・ラーニングの授業である。近藤俊克教諭(名古屋市立神の倉小学校)が二〇一五年一〇月一五日に4年1組に授業したものを再構成した。教材は「ごんぎつね」(新美南吉)(小4)である。

「ごんぎつね」の山場の読みとりの授業である。兵十がごんを撃つ場面で、兵十が、どうしてごんを鉄砲で撃つことになるのかを考える授業である。


　その明くる日も、ごんは、くりを持って、兵十のうちへ出かけました。兵十は、物置でなわをなっていました。それで、ごんは、うちのうら口から、こっそり中へ入りました。

　そのとき兵十は、ふと顔を上げました。と、きつねがうちの中へ入ったではありませんか。こないだ、うなぎをぬすみやがったあのごんぎつねめが、またいたずらをしに来たな。

「ようし。」

　兵十は立ち上がって、なやにかけてある火なわじゅうを取って、火薬をつめました。そして、足音をしのばせて近よって、今、戸口を出ようとするごんを、ドンとうちました。

この事例から学べることは多い。授業の前と後にリーダー会をもち、学習の目標を持たせ、発問（課題）を明確にして学習させ、授業後に課題を確認することをやっている。さらに、グループへの適切な評価をしていて、子どもたちを探究的な学習へ導いている。

(1) 授業前―リーダー会議

授業前に、教卓の周りに、リーダーを集合させる。授業の進め方とグループへの課題を確認する。

教師①　今日はごんの気持ちの変化。そして兵十のごんの見方。兵十はごんをどう見ていたかを読みとります。どのグループもドンドン発言してください。グループの話し合いでは、ちゃんと理由や根拠を聞いてあげて下さい。（ここで課題を明確にする。）

学習リーダー　いいです。

(2) グループでの話し合いの課題を提示

教師②　今日の課題です。（黒板を指さしながら）兵十のごんの見方を考えるということです。「きつね」って言う言葉から、兵十のごんへの見方がわかるけど、「憎しみ」だけじゃなくて、もっと他の「こんなふうに兵十が見ていたんじゃないか」ということを考えてもらいたい。まず一人で、そして班で話し合ってください。はいどうぞ！

(3) グループの話し合い

教師は、机間巡視をして、各グループでの意見を把握し、上手く話し合いが進むように助言する。

以下グループでの話し合いである。

学習リーダー　ごんぎつねって言わなかったか。なんで兵十は「きつね」って言ったのか。

子ども　あ、わかった。ごんってわかんなかったからだ。

子ども　だから、わかっているんだって。

子ども　わかった。こういう時は名のらない。犬が名前がクウちゃんとするよ。「犬が教室から出て行ったではありませんか。」それからそうっとという感じじゃない？　だから、クウって言わない。

子ども　こっそり中に入りました。こっそり入れば、ばれないから。

学習リーダー　グループの意見をまとめると、ごんにはこっそり入ったつもりだったけど、兵十には見つかっていた。兵十には、いたずらしにきた「きつね」だった。

(4)　**クラス全体の話し合い**

各グループの意見を出させていく。できたら、意見の違いを出し合って全体で深めていく。

1グループ　この村のきつねって言ったら、ごんだからで、ごんイコールいたずらだから、また、いたずらをしにきたなにつながっているから。

2グループ　殺すぐらい、むかついているから呼びすてにした。

教師③　殺す気満々って読んでいいですか。つまり、これはどう言ったらいいのかな。

3グループ　ただの動物って思っているんだ。殺す気満々ってわかる。

4グループ　足音をしのばせて。撃ってしまう。

教師④　憎しみのことばはないけど。兵十には、ただの狐に見えたということです。

(5)　**最後のまとめ—グループへの評価**

授業の最後に学習のまとめをやる。学習課題に対して、どれだけ達成したのか、また、グループの活動にたいして評価する。

教師⑤　今日の授業のまとめをします。班の中で自分は発言できましたよという人（挙手を求める。三分の二の子どもが手を挙げる）。とくに、今日、授業の中で理由や根拠を言えた人？（さらにその三分の二の子どもが手を挙げる）。全体で発言できたよという子？（半数）。

みんなで、拍手！　次の時間、できるだけ多くの子が発言できるといいですね。

4　「アクティブ・ラーニング」の授業で「話し合い」を深めていくコツ

町田雅弘（茨城県・茗溪学園中学校高等学校）

読解の授業は、教師の読み取った内容を伝えていく「講義型」の授業になりがちだ。そのため子どもたちは、内容を理解することはできても、なぜそのように読み取れるのかがわからずにいる。よって文学や評論は、未だにごく一部の高尚な人間が理屈っぽく考える、非現実的なものという印象で語られることが多い。

もしも授業内で子どもたちが読み取った内容を交流させたり、議論をさせたりすることができたら、どうだろう。その作品が表現しようとしていた深みに気づけたり、より客観的な視点で作品を眺めることができたりするだけではなく、われわれ人類の財産としての文学をより身近に感じることができるようになるのではないか。

一方的に伝えられるという従来の授業とは異なり、アクティブ・ラーニングによる授業は、子どもたちと作品との出合い方を変えることで、学ぶ姿勢を意欲的にする。ただ、ここで問題となってくるのは、アクティブ・ラーニングによる授業の質である。授業内で「話し合い」を深めていくためにはどのようにしたらよいのだろうか。以下、提案を試みる。

1　「話し合い」を深めるための前提となる指導

(1)　グループによる話し合いに適した人数は？

私が行っているグループ学習は、課題に対して、教室の中に作った小グループで討議をし、またそこで出された結果についてクラス全体で討議をしていくという二重討論の学習方法である。

私は、3名から4名で構成される12グループ（六つの生活班をさらにA・Bの二つに割る）を教室内に作っている。6名で試してみたこともあるが、話し合いに参加しない子どもが出てきてしまうため、このくらいの人数が丁度よい。

(2) 「学習リーダー」と制限時間

3名から4名とはいっても、「学習リーダー」を必ず各グループに1名おいている。学習リーダーの役目は、グループ内の議事進行係である。メンバー一人一人がどういう意見を持っているか、またその根拠を聞いていく。

グループ内討論では、制限時間を設けることが多い。だいたいは3分程度を基本とする。ただだらだらと続けるよりは時間を決める方が、話し合いに集中ができるようである。集中力がきれるグループがある時は「あと1分！」などと追い込む時もある。

(3) つい発言したくなる雰囲気作り

各グループで話し合った内容を、全体に発表する時にはまずは発言権を取らなくてはならない。そのためのルールを決めている。意見を言う人だけに任せてしまい、他の人たちはもう関係がないという雰囲気を作らないためのルールである。それは「全員が手を挙げること」。早く全員が手を挙げた班から指していく。ゲーム的な要素も加わり、子どもたちは楽しみながら先を競うようになる。手を挙げていく。授業にテンポが生まれ、集中するようになる。そして、他の班の意見もよく聞くようになる。討議を白熱させる仕掛けの一つだ。

2 「話し合い」を深めるためのより直接的な指導

(1) グループでの話し合い・討議の前に必ず一人で考える時間を保障する。

グループ内の話し合いを成功させるためには、個人で考える時間をたっぷりとることが前提となる。時間がないからと言って、ここを省略すると授業内容についてこられなくなる生徒が出てくるので注意すべき。経験上、5分以上は必要。ただし、その学習課題によって違う。

⑵　**グループ学習だからこそ、「グループ→全体」への切り換え、集中を促す指導を重視する。**

グループ学習は、確かに私語が増えやすく落ち着きがなくなりやすい。授業の要所要所で全員が集中するまで待つ時を作り、前に向かせきる。これができないと、白熱した授業は作れない。

⑶　**教室全体を討論に巻き込んでいく。**

教師と近い位置にあるグループを指名する時は、指名者と対角線上の位置になるよう教師が動く場合が多い。（子どもには教師に向かって身体をむけて発言するように指示しておく。）

⑷　**多くの意見が出た場合、争点を明確にするために、近い意見は一つにして2〜3のまとまりに集約する。**

六つも七つも異なる意見が出てしまうと、討議に時間がかかるし、子どものやる気が鈍る。二つから三つの似た意見のまとまりにすることで、討議がより白熱する。

⑸　**意見の相違があった場合、争点を明確にし「反論」を促す。**

意見は大別すると二つに分かれる。自分たちが支持する箇所の理由となる「賛成意見」と、違うグループが支持する箇所の反論となる「反対意見（反論）」だ。これをごちゃまぜに発言させると、討議の交通整理がしにくくなる。最初は賛成意見に限り発言を許可し、他の班に対する反論は後にさせている。意見を聞いている子どもたちにとって、現在何が話題になっているのか明確になるような配慮は欠かせない。

ケースにもよるが、反論は一つ出るたびに、その反論に正当性があるかどうか決着をつけるようにしている。次々と違う反論が発表されると、現在何について討論をしているのかがわからなくなる。

3　物語「海の命」の授業記録を例に

物語「海の命」（立松和平）（小６）でアクティブ・ラーニングを意識した「構造よみ」の授業を行った。その授業記録を例に、アクティブ・ラーニングで話し合いを深めるコツについて述べる。

「海の命」、亡き父親の後を継いで漁師になった主人公太一が、海とともに生きていくことを学ぶ話だ。山場のクライマックス前後は次のとおりである。

この大魚は自分に殺されたがっているのだと、太一は思ったほどだった。これまで数限りなく魚を殺してきたのだが、こんな感情になったのは初めてだ。この魚をとらなければ、本当の一人前の漁師にはなれないのだと、太一は泣きそうになりながら思う。
水の中で太一はふっとほほえみ、口から銀のあぶくを出した。もりの刃先を足の方にどけ、クエに向かってもう一度えがおを作った。
「おとう、ここにおられたのですか。また会いに来ますから。」
こう思うことによって、太一は瀬の主を殺さないで済んだのだ。大魚はこの海の命だと思えた。
（傍線部は、この後の授業で子どもから出た意見。）

(1) **構造よみ――「クライマックス」追究の授業**

教師① 前回の授業は発端について話し合いました。このクラスは、目標になっていた「全グループ発言」に成功しました。こんなに早く成功するなんてすごいね。それから、4Bの意見「ここから視点が変化しているから発端です」はいい意見だった。よく気がついたね。

教師② 今日の授業では「海の命」のクライマックスについて話し合います。クライマックスはどこですか。まずは個人で考えてください。時間は五分、始め。

教師③ それでは、五分経ちました。学習リーダーを中心に、各グループで話し合いを始めてください。では、始めてください。

一斉に、グループで話し始める。学習リーダーは一人一人から意見を聞き、自分の意見も述べた上で、自分たちの班としての意見をまとめて黒板に書きに来る。ここで話し合いがうまく進んでいない班には教師が入っていき、学習リーダーの見本を見せる。

教師④ クライマックスの箇所が決まったグループから、前の表に「頁、行数、クライマックス一文の文頭」を書きに来てください。（生徒が表に書きこんだ意見を、教師が順番になるように黒板に書き直す。記号を青で、支持をしているグループ名を赤で記入しておく。）

A　P210　L6「この大魚は自分に殺されたがっている

のだと、太一は思ったほどだった。」

Ｂ　Ｐ210　Ｌ８「こんな感情になったのは初めてだ」

Ｃ　Ｐ211　Ｌ１「おとう、ここにおられたのですか。また会いに来ますから。」

教師⑤　コンコン。（黒板を叩く。全員集中の合図として生徒と合意をとってある。）あ、まだ３人がこちらを向いてないな。そうそう、こちらを向いてください。お、○班の集中が早いね。いいね。やる気を感じるね。意見が三つに分かれたね。一つずつ確認して行こう。まずはＡの意見。○頁○行目……。（以下略）

討論は、まずは教師の方を向き集中をしてから始める。

教師⑥　それでは、それぞれの箇所が何故クライマックスとして相応しいのか。賛成意見を発表してもらいます。では、意見が発表できる班！６Ｂ。

子ども　わたしたちは、Ｂの「こんな感情になったのは初めてだ」という意見に賛成です。今まで数限りなく魚を取ってきた少年が、殺されたがっている魚がいると思ったのは初めてだったからです。

教師⑦　Ｂの賛成意見が出ました。では、Ｂの賛成意見から聞いていきます。他にもありますか。

子ども　私たちのグループもＢです。びっくりしてしまい、自分の夢を忘れかけてしまったところがここだと思います。

教師⑧　（意見を聞き取り、板書していく。）では、Ａ・Ｃの意見のグループ、どうぞ！はい、３Ａ。（３Ａの意見を聞くために、教室の後方へと教師が移動する。）

すべてのグループ、すべての子どもを討論に巻き込む。

子ども　わたしたちは、Ｃの意見に賛成です。ここで、あこがれていた父親を超える、存在になったことがわかるからです。

子ども　Ｃです、海や命に感謝をしながら生きている漁師であることをわきまえるという選択をしているからです。

子ども　Ａです。敵は好戦的ではなく戦意が喪失してしまったからです。

教師⑨　この三つの意見を聞いていると、似ているものがあるね。どれとどれ？

子ども　ＡとＢです。

教師⑩　それでは、まずＡとＢを一つの意見としてまとめておこう。Ａ・Ｂか？　Ｃか？　さあ、どちらの方が良いのだろう。今度は反対意見を出してください。

論点を明確にするために、まずは近い意見はまとめる。また、「反対意見」を意識的に促す。

子ども　Ａ・Ｂに反対です。「……ほどだった」や「初めてだった」が説明的すぎて、緊迫感にかけると思います。

子ども　Ａ・Ｂに反対です。この後に「この魚をとらなければ…」とあって、まだ諦めてはいないと思います。

教師⑪　Ａ・Ｂの意見を支持するグループは、反対意見に対する反論はないかな。うーん、ないか……。はい、全員黒板を見て。コンコン。今の意見にもあるように、少年は魚をとることをこの段階で諦めているとはいえないみたいだね。それが、はっきりとわかる所はどこだろう。クエを敵とは思わないということがわかるところだね。そう、父親に重ねているところだ。ここでクエを殺そうとしないことがわかるんだね。

(3)　授業のポイント

授業記録を見ていただきご理解いただけるかと思うが、「個人で考える時間をたっぷりとる」「《グループ→全体》の時には集中をきちんとさせる」「教室全体を討議に巻き込む」「争点を明確にする」といったことを意識してやっている。

しかし肝心なのは、「グループの言動を誉めること」かもしれない。子どもたちはやる気を出し討論が活性化していく。

また個人ではなくグループを誉めることで、他グループに対する原動力にもなる。「この班は集中が早いね」「この班は既に全員発言が達成したよ」「この班は自分たちの意見を最後まで貫いてよく頑張ったね」など具体的に誉めることがポイントである。また、授業の頭で、前時の評価と本時の目標を話しておくと効果的である。

5　「アクティブ・ラーニング」で「新しい発見」を導き出す発問・助言のコツ

熊谷　尚（秋田大学教育文化学部附属小学校）

1　子どもの主体性を引き出す教師の指導性

子ども主体の「アクティブ・ラーニング」の授業づくりに取り組んでいる学校現場では、しばしば次のような不安の声が聞かれることがある。

・子どもたちは楽しく学習に取り組んでいるが、本当に学力が身についているのだろうか。
・子どもによって学習成果がまちまちなので、学力格差につながるのではないだろうか。

「アクティブ・ラーニング」は、その理念のとらえ方や指導方法に問題があったりすると、右のような不安が現実のものとなってしまう危険性を孕んでいる。

「子どもの主体性」というが、主体的に学ぶ態度をすべての子どもが元々身につけている訳ではない。それにもかかわらず、主体性の名の下に「アクティブ・ラーニング」を導入するのは、いわゆる「放任」であり、確かな学力を育成することを放棄していることに等しいといえよう。子どもの主体的な学習態度を養う上で重要なことは、教師が積極的に指導性を発揮することである。学習活動を促すときや発問・助言を発するとき、子どもに何を学ばせたいのか、何を答えさせたいのか、教師は指導のねらいや意図をしっかりともって子どもに関わらなければならない。そして、子ども一人一人の学びの姿をしっかりと見取り、ねらいの達成に向けて適切な指導の手を加えていかなければならない。教師の指導性が過ぎると、子どもは受動的になるといわれるが、私は逆に、教師が積極的に子どもに関わることでこそ、子どもの主体性が引き出され、高められていくものと考える。子どもの主体性を尊重することと、教師が指導性を発揮することを、子どもの学びの状況に応じてバランスよく行うことが大切なのではないだろうか。

2　子ども同士のかかわり合いが「新しい発見」を生む

「アクティブ・ラーニング」でグループや学級全体で意見交換をすることで、自分とは異なる様々な見方・考え方に触れることができる。すると、自分の見方・考え方の良い点や悪い点が浮き彫りになってきて、自問自答と再考が促されることになる。そして、それまでに自分の中にはなかった新たな見方・考え方を獲得することにつながる。また、意見交換や対話、討論の中で、それまでだれも考えていなかった「新しい発見」が生まれてくることがある。異質な見方・考え方がぶつかり合う弁証法的な思考過程の中でこそ生まれる創造的発見である。では、筆者がかつて行った詩の読解の授業の授業記録をもとに、「新しい発見」を導き出す発問・助言のコツについて述べてみたい。

3　「新しい発見」を導き出す発問・助言

「春のうた」（草野心平）（小4）を取り上げる。

> 春のうた　　　草野　心平
>
> かえるは冬のあいだは土の中にいて春になると地上にでてきます。
> そのはじめての日のうた。
>
> ほっ　まぶしいな。
> ほっ　うれしいな。
> みずは　つるつる。
> かぜは　そよそよ。
> ケルルン　クック。
> ああいいにおいだ。
> ケルルン　クック。
>
> ほっ　いぬのふぐりがさいている。
> ほっ　おおきなくもがうごいてくる。
>
> ケルルン　クック。
> ケルルン　クック。

(1) 授業の構想

草野心平の「春のうた」は、リズムや響きのおもしろさ、レトリックのおもしろさ、発想のおもしろさなど、表現の工夫にあふれた作品である。それらを子どもたちはおそらく直観的・感覚的にとらえ、「この詩はおもしろい」という感想をもつことが予想される。そのとき、「ただ何となくおもしろい」という段階で終わらせないで、「なぜ、おもしろいんだろうか」という問題意識にまで高めていくことが大切である。

「ケルルン　クック」という声喩のおもしろさを追究するのであれば、次のような発問が考えられる。

・よく使う「ケロケロ」や「ゲロゲロ」と「ケルルン　クック」では、どう違うだろう。

・どうして最後だけ「ケルルン　クック」が2回繰り返されているのだろう。

このような「問い」を追究する中で子どもたちは、一般に文学的表現として用いられる数々の表現技法を見出すであろう。表現技法に着目し、その効果を考えることで、「何を表現しようとしているか」という詩の内容の理解を深め、ものの見方や考え方を広げることにつなげていきたいと考え、次のような授業を展開した。

(2) 子どもから「問い」を引き出す発問

第1時では、子どもたち自身が着目すべき言葉や表現を見つけ出す過程を重視し、次のように発問した。

教師① 普通とちょっと違う言葉や表現はないかな。それから、何となく変わっているな、何となく不思議な感じがするな、という言葉や表現はないかな。

子ども 「ほっ」って、普段はあまり使わない。しかも、4回も出てくるよ。

子ども 「かぜは　そよそよ」っていうのはわかるけれど、「みずは　つるつる」っていうのがよくわからない。氷だったら「つるつる」って言うけれど…。

子ども 「ケルルン　クック」ってかえるの鳴き声かな。ちょっと変わった鳴き声だと思う。

教材研究の段階で、私自身がぜひ取り上げたいと考えていた言葉や表現の多くを、子どもたちの「問い」として引き出すことができた。ここでの「普通とちょっと違う言葉や表現はないか」という思考は、文学を読む際の重要な「読みの方法」の一つであり、子どもたちはそれをここで学んでいることになる。教師が「問い」を提示することを否定するつもりはない。しかし、授業の中で子どもの口から発せられることによって、学級全体で追究し、解決したいと願う価値ある「問い」となるのである。当然、学習意欲が高まり、子どもが主体的になる。子ども主体の「アクティブ・ラーニング」であればなおのこと、子どもから「問い」を引き出すための発問・助言を工夫したいところである。

(3) 「読みの方法」を身につけさせる発問・助言

着目すべき言葉や表現を見出したら、それをどうやって読み深めていくか、具体的な「読みの方法」を身に付けさせていくことが大切である。では、第2時の授業における発問・助言を見ていくことにする。

教師② 「まぶしいな」っていうのは何がまぶしいの。
子ども (口々に) 太陽。光。お日様。
教師③ お日様がまぶしいのは当然でしょう。どうしてわざわざ「まぶしいな」って言ったのかなあ。
子ども 地上に出てきたら、明るいなと思ったから。
教師④ どこを読んでそれが分かったの。
子ども 「春になると地上に出てきます。そのはじめての日のうた」というところです。
教師⑤ (前書きを指して) この中で特にどの言葉にひっかかったの。
子ども (口々に) はじめての日…。
教師⑥ 「はじめての日」だと、どうしてまぶしいの。
子ども ずっと土の中にいて暗いのに慣れていたから、出てきたばっかりで明るさに慣れていないからです。
教師⑦ なるほどね。そのとき、かえるさんは「ほっ」って言った。どうして「ほっ」って言ったのかなあ。
子ども (口々に) うれしいから。びっくりしたから。
教師⑧ どうしてびっくりしたの。
子ども (口々に) まぶしすぎるから…。興奮して…。
教師⑨ ああ、だからびっくりしたんだ。(「びっくり」と板書) でも、ちょっと考えてみて。普段びっくりしたときに「ほっ」って言うことってありますか。
子ども (笑い) ない、ない。「わっ」って言う。

教師⑩ びっくりした時に「ほっ」ってあまり言いませんよね。みんなはびっくりした時、何て言うの。
子ども （口々に）「わっ」「ひいっ」「ぎゃあ」…
教師⑪ じゃあ、みんながいつも使っている「びっくり」の言葉と、この「ほっ」を比べてみよう。
子ども （口々に）ああ、何か…。意味が違う…。
教師⑫ みんなが最初に出した「わっ」と、「ほっ」とどう違うか、ちょっとグループで話し合ってみて。
（2分程度の話し合いの時間を与えた。）
教師⑬ では、グループで出た考えを教えてください。
子ども 「ほっ」の方は、びっくりもしたけど、安心もしている感じがします。
子ども 「わっ」の方はドキドキして不安な感じ。お化け屋敷の感じ。怖いときに「わっ」って言う。
子ども 驚いたときに「わっ」って言います。何か、いきなり虫が出てきたときとかに「わっ」って…。
教師⑯ なるほど…。では、「ほっ」の方はどうなの。
子ども びっくりしたけれど、いつもと同じだったからからほっとしたのかなあ。
教師⑰ Nさん、今の考えをもう一回くわしくお話しして。みなさん、Nさんの話、よく聞いてね。
子ども 久しぶりに土の中から出てきて、すごくまぶしかったから一瞬びっくりしたけれど、いつもと同じっていうか、冬眠する前と同じ雰囲気だったから、ほっとしたのだと思います。
子ども Nさんに付け足しです。まぶしくて、「あれっ」と思ったけど、「ああ、ここはぼくの大好きなあの場所だ」と気付いて、ほっとしたのだと思います。
子ども （口々に）ああ。ほっとしたの「ほっ」か…。
子ども ほんとうだ。偶然の一致だ。
教師⑱ 「わっ」と「ほっ」を比べてみたら、「ほっ」の意味がよくわかってきたね。似ている言葉と比べてみる方法は、別の時にも使える方法ですよ。

教師②⑧の「何がまぶしい」「どうしてびっくりしたの」のように、学級のほぼ全員が答えられるような易しい発問から始める。まずは全員参加の話し合いの雰囲気づくりをするためである。挙手はさせず、自由にどんどん発言させるのが、学習意欲を高めるコツである。教師⑨「でも、ちょっと考えてみて…」は、いわゆる「ゆさぶり」である。「びっくりしたから『ほっ』と言った」という子どもの読みをいったん保留させ、この場面での主発問となる教師⑫「『わっ』と、『ほっ』とどう違うか」へとつなげていった。何について話し合うのか、話題の明確化と焦点化を図ることは、話し合いによる読み深めを行う際の基本であり、かつ非常に重要なコツである。教師⑰「今の考えをもう一回くわしく…」では、あえて同じ子どもに言い直しをさせている。このようにして全員の視線を集めて集中を促すことも、全員参加の場で「新しい発見」を導き出すためのコツである。核心に迫る発言を引き出したいときは、きちんと指名し、話す子どもと聞く子どもの関係性を作るようにする。そうすると、前の子どもの発言を受けてそれをさらに発展させるような発言が出てきて、そのやり取りの中で、それまでにはなかった「新しい発見」を含んだ読みが生まれていく。

ところで、この場面での「わっ」と「ほっ」の比較は、「別の表現・内容に替え、その差異に着目して読む」という「読みの方法」の一つを援用したものである。教師⑱「別の時にも使える…」のように、学んだことが次の学習にも生かせるものであるという意味付けや価値付けをすることは、確かな読みの力の形成に大きく関係していく。読み取った内容だけでなく、「読みの方法」の意識化が大切なのである。

前後するが、本文の記述に立ち戻らせる教師④⑤のような助言をすることは、どんな授業においても欠かせない指導のコツである。子どもは、話し合いに夢中になればなるほど、本文を置き去りにし、自分の思いに固執しがちになる。本文への立ち戻りが弱い授業は、事前の教材研究の不十分さがその要因なのではないかと感じることがしばしばある。教師の、広く、深い教材研究があってこそ、子どもから「新しい発見」を導き出す「アクティブ・ラーニング」の授業づくりが可能になるのである。

参考文献

秋田大学教育文化学部附属小学校『授業改革への挑戦　国語編』二〇一〇年、一莖書房

阿部昇『国語力をつける物語・小説の「読み」の授業』二〇一五年、明治図書出版

6　「アクティブ・ラーニング」の授業で確かな「振り返り」を行うコツ

庄司伸子（秋田県北秋田市立鷹巣南小学校）

1　確かな「振り返り」とは

文部科学省によると「アクティブ・ラーニング」とは「課題の発見と解決に向けて主体的・協働的に学ぶ学習」だという。主体的に学ぶためには、課題解決に至る見通しをもつことが必要であろう。また協働的に学ぶためには課題解決の手段として、グループ学習のような他者との関わりの場を設ける必要もある。導入の工夫、グループ学習による協働的な学びを行った上で子どもたち自身がその時間に何を学んだかを明らかにする「振り返り」の場面設定は大きな意味をもつ。

本稿において「振り返り」とは、本時あるいは単元全体の終盤に設定し、子どもたちが学んだことを想起し整理し次の学習に生かすために行う学習活動のことである。

授業の中で、「振り返り」をするということは、子どもたち自身が自らの学びの確認をするために必要な学習といえる。学んだことを書いたり話したりするといった外言化の作業が、子どもたち自身の学びの積み重ねに有効だからである。「振り返り」によって得られるよさは、次の三つである。

① 学習者自身が「できた」「分かった」を自覚できる。
② 他者と関わり合うことで学びの変容や深まりを得ることができる。
③ 教師が外言化された学習者の反応を得ることができ、評価や次時の授業構想に生かすことができる。

①～②は子どもにとってのよさであり、③は教師にとってのよさである。

①は授業を通して「できた」こと「わかった」ことを子どもたち自身が確認し合うものである。言葉を介して確認することで、その時間の学びはより一層確実になる。

②は初めに自分がもっていた考え方や読みが、グループ学習や全体でのやりとりを通して変わったり深まったりしたことを振り返ることで、子ども自身が他者との関わりの効果を実感することができるというものである。この「振り返り」ができると、実感できた子どもたちは他者と関わって学びを得る楽しさを再び体験しようとすすんで協働的な学びに参加しようとする。

そして③は授業者自身の内省を促すものである。子どもたちの「振り返り」を通して、本時のめあてや課題は適切であったか、めあてや課題を達成するための学習場面の設定や子どもたちへの発問や助言、切り返しは適切であったかということを教師自身が再考することができる。このことからも、学習者である子どもたち側も、授業者である教師側も「振り返り」を行うことで得られることが大きい。そして国語という教科の特性からも、「振り返り」は書かせ、見える形で残すようにしている。自分の考えを短い時間で書き留める積み重ねは、他のどの教科にも生かせる力につながるからである。だが、学級の実態によっては毎時間書かせようとすると時間がかかり、本来の学習内容がおろそかになってしまう場合もある。そうなっては本末転倒であるから、「振り返り」は学習内容によっては条件を示して「○」「△」という記号で書き残させたり、口頭で話させたりして短時間で終えることもある。大切なのは単元全体の計画を明確にして、いつ書かせるか、何を書かせるかを明確にすることであり、それによって書く「振り返り」を計画的に取り入れることができる。本稿では、「振り返り」を「書く」ことを前提として述べる。

「確かな『振り返り』」と題して述べているが、「振り返り」の場面を充実させるには、言うまでもなく「振り返り」に至るまでの学習過程が大事である。授業のゴールとリンクする「振り返り」とするには、そこからさかのぼって導入、展開といった学習過程をどのように組み立てるかにかかっている。そして前述の「振り返り」のよさを生かすためには一時間の板書もポイントになる。一時間の流れが見える板書は子どもたちの今日の学びを想起させることに役立つからである。だから、板書にはめあてや課題が明記され、子どもたちの発言が残され、読みが深まったところは色で強調したり矢印などで書き加えたりしていく。学習の結果が板書を見ればわかるように工夫することも、「振り返り」を確かなものにするためには必要である。それにより「振り返り」は子どもたちにとってその時間の自分の学びの記録となり、教師にとっては評価する際の根拠ともなる。子どもたちが見通しや必要感をもって学習し、「振り返り」で学びの確認をするということを心掛けて授業を進めている。

2 「振り返り」を行うコツ

(1) 書くときを決める

考えを書くことに対する子どもの実態や学習の必要に応じて、書かせる「振り返り」をいつ行うかを決めておく。三つの場合が考えられる。

・一単位時間を振り返る
・数時間分にわたる学習活動を振り返る
・単元全体で学んだことをもとに振り返る

一単位時間の終盤に書いた「振り返り」は次時の導入に生かすことができる。また、教師側の授業の修正の材料とすることもできる。数時間分にわたる学習活動のまとめとして書いた「振り返り」は、子どもたちに学習計画を示して活動の見通しをもたせる必要があるが、毎時間の振り返りを行うよりも一人学びの時間やグループでの学び合いを確保することができる。単元全体で学んだことをもとに振り返りを行うのは、個々の読みの深まりをつかむのに有効である。

(2) 書く内容を示す

「振り返り」を行う時間は限られている。一単位時間の「振り返り」ならば、できれば五分以内で収めたい。しかし書かれた「振り返り」から得られる子どもからの情報は貴重である。そのために限られた時間に教師側で得たい情報は何かを考えたい。それは子どもたちに書かせる内容の絞り込みにつながる。子どもたちにとっても「振り返り」の視点を与えられることによって、ただ漫然と「楽しかった」「つまらなかった」だけではない内容で書くことができるようになる。例えば――

・授業の印象や感想
・「分かった」ことや「できた」こと

・自分の変容
・他者との関わりから得られたこと
・これから他の場面でも使えそうなこと―などである。
このように視点を与えることで、子どもたちも何について書けばよいのかを絞り込むことができる。また書くための時間も短くすることができる。書き出しでつまずく人数も絞られてくるから、個別の指導や助言もしやすくなる。子どもたちが「振り返り」を書いているときは積極的に机間指導を行う。書き出しに困っている子どもがいれば、書き出し方の例を紹介することで支援になる。また、その時間にポイントになった子どもや逆に目立たなかった子どもには、書いている内容について直接語りかけ、本時の学びを自覚させる声かけができる。

(3)「振り返り」を書かせたらコメントをつけて返す

「振り返り」で書いたことを子どもたち同士が交流し合う時間を授業時間内にとるのは正直難しい。「振り返り」を書くことに意味をもたせ、子どもたちの意欲につなげるために「書かせっぱなしにしない」ことを心掛けている。子どもの書いた「振り返り」は、教師から見ると個々の学びの積み重ねではあるが、「先生、こんなことが分かったんだよ」という子どもたちからのメッセージでもある。それに気づいてからは「振り返り」には、できるだけコメントを入れて返すようにしている。コメントを書いたノートを返却すると、その場で「先生は何を書いてくれたかな」とノートを開いている子どもが増えてくる。承認欲求が大きい今の子どもたちだからこそ、そのやりとりもまた学習への意欲につながるものと考えている。

3 「振り返り」から得られた変容の事例

以下は、前ページで示したコツをもとに、二〇一五年に庄司が行った「ごんぎつね」（新美南吉）（小４）の授業実践である。

(1) 一単位時間内での「振り返り」

課題　ごんはどんなきつねだろうか

この時間は、中心人物である「ごん」の人物像をつかむために設定した。課題を確認した後に、まず一人学びでごんはどんなきつねなのかをノートに書き込む。それがグループ学習や全体で広げたり深めたりする学び合いのもとになる。

一人学びで子どもたちが捉えたごんの人物像は短くまとめると次のようになった。（複数回答を含む）

いたずらぎつね…8人
やさしいきつね…8人
ひとりぼっちのきつね…4人
あめがきらいなきつね…1人
かしこいきつね…1人

出された人物像をもとに、本文と対応させながら全員で読み直していった。この時間に教師として特に取り上げたかったのは「いたずらの程度」「一人ぼっちであること」「小ぎつね」であった。全体で読みを進めた結果、子どもの「振り返り」には次のような内容が書かれていた。

・ごんはいたずらを軽い気持ちでやっているつもりだけど、村の人々にとってはすごく迷惑で危ないということに気付きました。
・ごんは最初はいたずらをしていたけど、途中からしなくなってやさしくなりました。
・ごんは小さいきつねだとわかった。ぼくたちのように子どもではないと思った。だから兵十の気持ちがわかったと思う。

(2) **単元全体を通しての読み深めがわかる「振り返り」**

この学級では、子どもたちの多くが構造よみの段階で「ごんぎつね」のクライマックスを「ごんは、ばたりとたおれました」と読んでいた。ごんと兵十の関係の大きな変化がみられた「『ごん、おまいだったのか、いつも、くりをくれたのは』」の部分を選んだ子どもは全体の三割であった。読みを進めていくにつれて、七割の子どもたちは後者がクライマックスだと納得していった。単元の終盤に、兵十の視点でこの物語を語る文を書くことを通して、子どもたちの読みの深まりをとらえたいと考え、次のような学習のめあてを設定した。

兵十になりきって、加助に真実を打ち明けている場面を書こう。

ごんへの気持ちの変化を読み取るのが難しかった子どもたちが、学習をとおしてどのような読みに変わったのかを見取るためにこの時間に書かれたものを「振り返り」

とした。子どもたちはこれまでの学習をたどりながら、そして教材文全体を俯瞰しながら読み直し、八〇字～二五〇字程度の文章にまとめることができた。

子どもA　じつは、「神様のしわざだぞ」と言っていたのはうそだったんだ。本当はごんぎつねが毎日くりやまつたけをくれてたのさ。ごんをうつ前に、何をしているのかを見ておけばよかった。

子どもB　実はな、ごんをうったときに何かされていないか土間に行ったらな、くりが固めて置いてあったんだ。くりやまつたけを持ってきてくれたのは神様じゃなくてごんぎつねだったんだよ。うってしまってとても後悔しているよ。

子どもC　加助、実はな、この前くりやまつたけをくれたのは神様だと言っていたんだが、本当はごんぎつねだったんだよ。この前、うなぎをぬすんだから、またいたずらをしに来たなと思って火縄銃でうってしまったんだが。土間にくりが固めてあったから、毎日持ってきてくれていたのはごんだと気づいたんだよ。しまったと思ってつい火縄銃をばたりと取り落としちゃったんだよ。いや、あれはやってしまったな。

このように、単元を通しての変容を見取るための「振り返り」は、通常の「振り返り」より発展的なものである。構造よみの段階で、子どもたちがクライマックスを適切に読んでいたら、この学習を「振り返り」と位置づける必要はなかった。子どもたちと授業を作っていくなかで、単元計画を修正し学習活動の意味づけを再考した結果、子どもたちの変容を見取るという必然性が生まれ、上記のような実践となった。

4　おわりに

「アクティブ・ラーニング」の授業は子どもたちが互いに関わり合い、学びの変容を促すのに有効である。その関わり合いや学びの変容を子どもたち自身に自覚させるには、「振り返り」を適切に位置づけることである。子どもたちは読みが学びを通して深まったり自分の読みがゆさぶられたりするような体験をすると、「振り返り」に必ず書き残そうとする。それを読むことは教師としてとても喜ばしいし、授業の次の手をうつタネとなる。

1 「こまを楽しむ」（安藤正樹）の1時間の全授業記録

高橋 喜代治（立教大学）
奥富 浩（埼玉県入間郡三芳町立竹間沢小学校）

授業日時 二〇一六年五月二十三日・4校時
授業学級 立命館小学校3年S組
男子16名 女子12名 計28名
授業者 永橋和行先生

※枠囲みは高橋のコメント。教材は一二七頁。

（黒板には、「こまを楽しむ」「説明文（しぼりこむ）」と書いてある。永橋先生は、子どもたちを前にして、これから勉強するんだよ、といった感じですっくと立っている。）

教師① はい、号令。日直。大きな声で。
子ども これから4時間目の授業を始めます。
全員 はい。
子ども お願いします。
全員 お願いします。
教師② はい、お願いします。
教師③ 土曜日と日曜日は、あ、土曜日はあったね。休みだったということもあるし、今日は先生と3時間も授業やるのも初めてだからね。今日はゆっくり思い出しながらやりましょう。ちょっと声を出しましょうか。いいですか。はい、前。まだだなあ。はい、背中は？
全員 ぴん。（子どもたちは一斉に「ぴん」と楽しそうに言って、背筋を伸ばしてよい姿勢になっている。）

休み明けで、やや集中に欠けるのを感じ取った教師は背筋をピンとさせて集中させているのである。こうした教師の細かな指導が意欲的な学習をつくる。

教師④ 言うだけじゃなくピシッとね。はい、勉強していたのは？

全員 「こまを楽しむ」

教師⑤ これは？

全員 説明文。

教師⑥ これは？（そろっていなかったので、再度）

全員 説明文。

> 文種の確認と説明文の学習の重点を確認しているが、子どもたちは教師の問いかけに元気よく一斉に答えている。普段から訓練されていることがわかる。

教師⑦ 大事なことは。

全員 絞り込む。

教師⑧ 大事なことはぎゅーっと絞り込むってことだね。覚えておいてください。それで、土曜日授業参観だったけど、どんな勉強しましたっけ。はい、そうですね。言葉の意味を調べましたね。はい、じゃあノートを出してください。

子ども 出します。

教師⑨ 今日から本格的に読んでいきます。今日やることを書いてください。青で書きます。

（教師は、青チョークで「〈はじめ〉〈中〉〈おわり〉に分ける」と板書）

教師⑩ （書き終わってから）書いてください。今日勉強することです。

教師⑪ 書いた？

子ども まだです。

教師⑫ はい。

教師⑬ 書くときはしっかり書きなさい。

子ども 書きました。

教師⑭ はい。

教師⑮ 教科書に段落番号つけてなかったですね。つけてください。

子ども もうつけました。

教師⑯ この説明文

は、全部で8段落の説明文ですね。はじめ・中・おわりの分け方は勉強しましたよね。この前の説明文はなんだったっけ?

全員　言葉で・・・。

教師⑰　40、41ページの「言葉で遊ぼう」をやりましたね。そのことを思い出しながら、今日は（はじめ・中・おわり）に分けます。今日は8人の人に読んでもらいます。では、読んでもらいましょう。はい、姿勢。みんなに聞こえるようにね。Mくんから、どうぞ。

子ども　（以下8人の子どもが音読する。）

教師⑱　（8人の子どもの音読の後）はい、どうもご苦労さん。さあ、どうでしょうか。もう一回確認しようか。はい、教科書を置いて、前を向いてください。みんなで今日勉強することをもう一回読んでみるよ。青いところね。さん、はい。

全員　はじめ・中・おわりに分ける。

教師⑲　今読んでもらって、すぐ考えた人もいるかもしれないけど、まず、一人でしっかり、はじめ・中・おわりに分けてみてください、どうぞ。

> すぐにグループの話し合いにしないで、まず個人にしっかり意見をもたせようとしている。グループ学習ではこのように構成員が自分の意見（読み）を持つことが大事になる。探求型のアクティブ・ラーニングのためには不可欠な学習過程である。また、時間の指示が欲しい。

子ども　終わりました。

教師⑳　早いね。後で教えてね。理由を考えておいてください。

教師㉑　一度やめてください。まだ2分くらいしか経ってないけど、自分の考えある人どれくらいいますか?

子ども　（半分以上挙手をする。）

教師㉒　はい、おろしてください。今手を挙げた人、これから学習グループでの話し合いをしますが、必ず自分の意見言ってくださいね。はい、机をくっつけて学習グループにしてください。4人班の人、今日は4番の人が司会をしてください。みんなに順番に言ってもらいなさい。もちろん自分の意見も言ってね。それから3人班の人、1番の人が司会してください。はい、では、はじめ・中・おわりの意見を話し合ってください。どうぞ。

教師㉒によれば、二分経過の段階で、自分の考え（この場合、三部の分け方とその理由）を持っている子どもは約半数である。にもかかわらず、教師は個人の学習を打ちきってしまってグループ学習に移行させているのはよくない。この、グループの話し合い方の指導は重要であるが、交代制の司会にしても、授業開始の前に学習リーダーを集め、指導しておきたい。

全員　（話し合う。）

教師㉓　意見が二つ三つ出たら、特にまとめなくてもいいです。でもまとめられたらまとめてください。

教師㉔　あと1分くらいでいいかな。発表者を決めてください。

教師㉕　はい、一回やめてください。はい、そこ（4班）早い。

教師㉖　では今から全体の話し合いをします。Yさん。どのように分けましたか。

子ども　1段落目は、ちょっとしたこまの説明と、二つの問いが書いてあります。

教師㉗　はい、ちょっとした説明と二つの問いがある。だから？　はじめはどこからどこまでか言ってください。

子ども　はじめは1段落だけです。

教師㉘　1段落だけ。はい、それから。

子ども　2段落から7段落の終わりまでが中です。

教師㉙　7段落までが中ですか。

子ども　なんでかというと、他にもこまはたくさんあるんですけど、その代表的なこまを2段落から7段落まで説明しているからです。

教師㉚　2段落から7段落までが、「代表的な」という言い方しましたね。そして？

子ども　そして、8段落だけがおわりです。

教師㉛　8段落だけがおわりですか。

子ども　はい。前の「言葉であそぼう」でも、5段落のところで、「このように」っていうまとめの言葉が使ってあったけど、同じように42ページの8段落も「こ

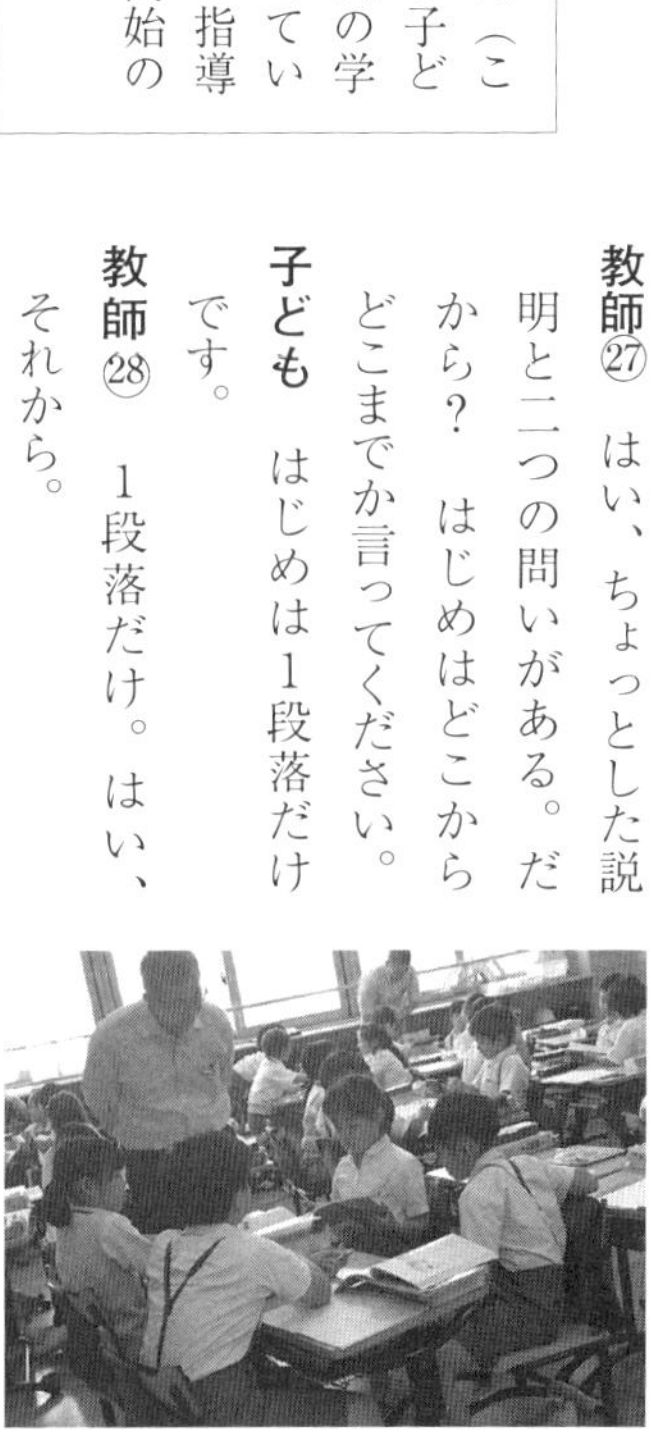

のように」ってまとめの言葉が使ってあるからです。だから8段落がおわりだと思いました。

教師㉜　Yさんは、「このように」という8段落の言葉に注目したんだね。はい、いいでしょう。他の意見はどうですか。はい、Sくん。

子ども　Yさんと分け方は一緒ですけど、理由が違います。

教師㉝　分け方は一緒なんだね。

子ども　はじめとおわりの理由は同じなんだけど、中の2段落から7段落までは、こまの説明をしていると思います。

教師㉞　「こまの説明」をしているということですね。Yさんは「代表的な」って言ってたけど、Sくんは「こまの説明」と言いました。ちょっと覚えておいてください。Yさんの言葉もSくんの言葉も。

子ども　ぼくも分け方は同じだけど、中は、1段落の問いの答えが書いてあると思います。

教師㉟　今二人の意見が出ました。分け方は一緒です。分け方違う人ありますか。じゃあみんないいですか？他の分け方はありませんか。いいんですか本当に。

子ども　他の分け方があります。

教師㊱　それは、中をさらに分けることですか。それは後でやります。みなさん（はじめ・中・おわり）はこれでいいですか。

全員　はい。

教師㊲　じゃあこれに決定します。でもね、今二人の人が理由を言ってくれたでしょ。その理由だけでいいですか？　分け方これでいいけど、他の理由は考えられませんか。Kくん。

子ども　かなり似てるけど。

教師㊳　いいよ。言ってください。

子ども　はじめの1段落には問いがあって、2段落から7段落までは、「問いに対する答え」が書いてあります。

教師㊴　またまた大事な意見が出ました。「問いに対する答え」ですね。これで三つ出ました。分け方は一緒だけれども、特に中の理由が違うということですね。

この教材の三部構成（はじめ・中・おわり）については子どもの間に異論は出にくい。だから、探求的な学習にするために、なぜ「中」なのか、つまり問いに対してどのようになっているか、を考えさせたことを支持する。その結果三つの理由づけがだされたといえる。だが、探求的な学習のためには、この全体の意見交換をもっと深めるとよかった。そうすれば、後の教師㊿の指示が強引にならなかった。この三つの理由づけについて2回目のグループの話し合いをさせたるとよかったのでは？

教師㊵ はじめで決定的に重要なものは何ですか。

全員 「問い」です。

教師㊶ 「問い」ですね。まだ書かなくていいよ。あとで書いてもらうから。1段落には、問いがあるってことを言ってくれました。それは「言葉で遊ぼう」でもそうだったし、みんな2年生でも、問いのあるところは、はじめだと勉強してきたんだよね。

全員 はい。

教師㊷ 中の理由が、三つ出ました。はじめのYさんなんて言いましたか。

全員 代表的な。

教師㊸ 代表的な、なに？

全員 こま

教師㊹ はい、代表的なこまの説明が書いてあると言いました。Sくんはなんて言ってくれたの？

子ども こまの説明。

教師㊺ こまの説明。じゃあYさんと一緒ですか。Kくんはなんて言ってくれたの？

子ども 問いに対する答え。

教師㊻ 問いの答えが書いてあると言ってくれました。それで8段落がおわりだっていうのは全員一緒なのですね。どの言葉に注目したのですか。

全員 このように。

教師㊼ 「このように」ですね。この言葉をなんて言いましたか。あれ、教えなかったですか。

全員 接続語。

教師㊽ 接続語だね。接続っていうのは、くっつける言葉ですね。このように、というのはまとめのときによく使われる。でも、

子ども 絶対ではない。

教師㊾ そう、いつもまとめているとは限りません。

「このように」という言葉に注目させて「まとめ」であるとすることは、「おわり」の目安としては有効で

ある。また、絶対ではないことも教えておく必要がある。ただし「このように」は接続語ではなく指示語である。

前にも指摘したが、この後の学習に入る教師㊿の指示「…本当に問いの答えになっているのかを、確かめてゆきましょう」は強引である。「中」の理由として「こまの代表の説明」（Yさん）、「こまの説明」（S君）、「問いに対する答え」（K君）と三つ出されているのだから、子どもと話し合いながら、その違いや相互の関係を十分に整理すべきだった。

教師㊿　では、中が本当に問いの答えになっているのかを、確かめていきましょう。まず2段落を全員で読んでみましょう。（2段落を全員で読む。）

教師51　問いに対する答えは書いてありますか。

子ども　第1文に「色がわりごまは、回っているときの色を楽しむこまです。」と書いてあります。

教師52　でも1段落の問いは、「どんなこまがあるのでしょう。」と「どんな楽しみ方ができるのでしょう。」の二つありましたよ。答えは1つでいいのですか。

子ども　第1文の中に「色がわりごまのこと」と、「回っているときの色を楽しむ」と両方の答えが書かれています。

教師53　問いは2文に分かれているけど、答えは1文で書かれているということですね。皆さんいいですか。

子ども　いいです。

教師54　では、3段落はどうですか。全員で読んでみましょう。（3段落を全員で読む。）

教師55　問いに対する答えは書いてありますか。

子ども　第1文に「鳴りごまは、回っているときの音を楽しむこまです。」と書いてあります。

教師56　では、4段落はどうですか。全員で読んでみましょう。

子ども　先生、いちいちみんなで読まなくても、答えの文はすぐに分かります。

教師57　本当ですか。なぜすぐ分かるのですか。

子ども　全部の段落とも、第1文に答えが書いてあるので簡単です。

教師58　みなさん本当ですか。

子ども　はい。

教師㊿からここまでは、「中」が本当に二つの問いに対応しているかの学習である。問いと答えの関係を書かれ方に基づいて理解させる重要な学習である。子どもたちは、「中」のそれぞれの第1文に二つの問いの答えが書いてあることを読み取っていて、「中」全体の大まかな説明の方向を把握できている。
　この後、教師59でさらにD君を指名し、「中」の組み立て方についての「鋭い」読みを引き出している。子どもが深く文章を読んでいることもさることながら、それを安心して自由に言える国語教室ができていると見た。

教師59　では、2段落から7段落までは、それぞれの段落の第1文が問いの答えになっているということでいいですか。Dくん、何かありますか。

子ども　今思ったんですけど、2、3、4、5、7段落には「楽しむ」という言葉が使われているけど、6段落だけは、人を「楽しませる」こまであり、自分を楽しませることは書いていません。だからちょっと意味が違うと思います。

教師60　いや、鋭いな。楽しいって漢字は使ってあるんだけど、楽しいと楽しませるとは違うということですね。はい、Mくん。まだありますか。

子ども　楽しむと楽しませるの違いは、楽しむは自分でこまを回して一人で楽しむことで、楽しませるは相手を喜ばせることだと思います。

教師61　今の二人の意見もみなさんよく覚えておいてください。8段落のおわりをまとめる時に考えてもらいます。Aさんも意見ありますか。

子ども　中の2段落から7段落には、こまの名前と、「楽しむ」が絶対入っています。

教師62　はい。その問いが二つあるから各段落にも二つ入っているっていうことですよね。

教師63　では一旦前を向いてください。今日のみなさんの意見は素晴らしかったと思います。今日は各段落を詳しく読み取るのではなくて、はじめ・中・おわりに分けることが勉強の中心だったんだけど、ただ三つに分けるだけじゃなくて、なぜそこがはじめなのか、中なのか、おわりなのかというのを、理由を詳しく考

えることができました。はじめははじめ、中は中、おわりはおわりのそれぞれに役割があるっていうのが、随分明らかになりました。素晴らしかったと思います。では次の時間は、もっと詳しく読み取っていきます。終わりましょう。

子ども これで、国語の授業を終わります。ありがとうございました。

子ども ありがとうございました。

教師㊹ ありがとうございました。

> 永橋先生の国語の授業には学ぶことが多い。授業開始時ではしっかりと全員で声を出し、背筋をぴんとさせて学ぶ態度を指導している。一人ひとりの発言を丁寧に受け止め確認している。子どもとの関係がよくて、子どもは思ったことや考えたことをためらわずに安心して発言している。だから、挙手も多い。

こまを楽しむ

安藤 正樹

1こまを回して遊ぶことは、むかしから世界中で行われてきました。長い間、広く親しまれるうちに、こまには、さまざまなくふうがつみかさねられてきました。そうして、たくさんのこまが生み出されてきました。日本は、世界でいちばんこまのしゅるいが多い国だといわれています。では、どんなこまがあるのでしょう。また、どんな楽しみ方ができるのでしょう。

2色がわりごまは、回っているときの色を楽しむこまです。こまの表面には、もようがえがかれています。ひねって回すと、もように使われている色がまざり合い、元の色とちがう色にかわるのがとくちょうです。同じこまでも、回すはやさによって、見える色がかわってきます。

3鳴りごまは、回っているときの音を楽しむこまです。こまのどうは大きく、中がくうどうになっていて、どうのよこには、細長いあなが空いています。ひもを引っぱって回すと、あなから風が入りこんで、ボーッという音が鳴ります。その音から、うなりごまともよばれています。

4さか立ちごまは、とちゅうから回り方がかわり、その動きを楽しむこまです。このこまは、ボールのような丸いどうをしています。指で心ぼうをつまんで、いきおいよく回すと、はじめはふつうに回るのですが、回っていくうちに、だんだんかたむいていきます。そして、さいごは、さかさまにおき上がって回ります。

5たたきごまは、たたいて回しつづけることを楽しむこまです。このこまのどうは、細長い形をしています。手やひもを使って回した後、どうの下のぶぶんをむちでたたいて、かいてんをくわえます。止まらないように、上手にたたいて力をつたえることで、長く回して楽しみます。

6曲ごまは、曲芸で使われ、おどろくような所で回して、見る人を楽しませるこまです。曲ごまは、心ぼうが鉄でできていて、広くたいらなどうをしています。ほかのこまとくらべ、安定したつくりになっているので、あまりゆれることがありません。台の上で手を使って回し、そこから細い糸の上や、ぼうの先のような回しにくい所へうつしかえて回しつづけます。

7ずぐりは、雪の上で回して楽しむこまです。ふつうのこまは、心ぼうが細いので、雪の上で回すことはできません。いっぽう、ずぐりは、雪の上で回して遊ぶことができるように、心ぼうの先が太く、丸く作られています。まず、雪に小さなくぼみを作り、わらでできたなわを使って、その中になげ入れて回します。雪がふってもこまを回したいという人々の思いから、ずぐりは長く親しまれてきました。

8このように、日本には、さまざまなしゅるいのこまがあります。それぞれ色も形もちがいますが、じくを中心にバランスをとりながら回るというつくりは同じです。人々は、このつくりにくふうをくわえ、回る様子や回し方でさまざまな楽しみ方のできるこまをたくさん生み出してきたのです。

(『国語三上 わかば』光村図書、四二~四七頁
振り仮名・挿絵省略、段落番号は永橋が挿入)

Ⅲ　「アクティブ・ラーニング」を生かした「こまを楽しむ」の授業――永橋和行先生の授業とその徹底分析

2　授業者へのコメント　その1
――外的学習活動より内的な思考活動の重視を

豊田ひさき（中部大学）

1　優れた点

　はじめに、アクティブ・ラーニンクを生かした学習集団、探究型を目指した優れた授業である証拠を挙げておこう。「なんでかというと」「かなり似ているけど」「今思ったんですけど」と、子どもたちが発言する際に、「接続語」を付けて、自分がそう考える理由を表明している。これはアクティブ・ラーニングで重視される頭の中での思考活動（内言）を可視化する発言形式である。と同時に、子どもの発言は教師に向かってだけでなく、むしろ学級の仲間に向かっての発言。だから「わたしの意見、みんな聞いてね」というお願い型発言になるという発言ルールが確立している証拠でもある。さらに、今思ったんだけどという「接続語」は、それ以前の仲間の発言をしっかり聞いていないとできない発言であり、永橋学級には学習集団で協働しながら学習していくという学習態度がすでに習慣化されている証拠といえる。

　圧巻は、教師56「では、4段落はどうですか、全員で読みましょう。」という教師の指示を、子ども達が「先生、いちいち読まなくても……」と拒否して、「全部の段落とも、第1文に答えが書いてある……」とすでに「探求」済であることを表明している。それだけ子どもの学習が主体化されていることがわかる。教師である永橋先生以上に学級の子どもの方が進んでいる証拠である。もちろん、ここまで子どもたちの学習を深化させた永橋先生の指導のたまものであることは言うまでもない。このことを確認した上で、徹底的に本授業を分析させていただく。

2 気になったところ

なぜ、授業の最初の部分で、8人もの子どもに読ませたのか、その理由が筆者にはわからない。永橋先生にはそうした理由（＝指導の意図）を書いてほしかった。そしてこれは注文になるが、8人に読ませて「はい、どうもご苦労さん。」だけで済ませてよいのか。読ませた以上、読んだ子ども一人ひとりに対して何らかの評価を入れていく必要がある。読んだ子どもにも、そして聞いている仲間にとっても、教室で読む場合は、その読みが〇〇の点でみんなで協働して学習していることに役立つ読みであった、というような評価（＝読む時には〇〇の点に気を付けて読んでいこう、という隠された指導）を入れていくのが、学習集団の授業づくりだと筆者は考えている。

教師㉓「意見が二つ三つ出たら、……まとめなくてもいい……でもまとめられたらまとめてください。」という指示も不十分である。この指示を聞いた子どもたちは、本当はどっちなのと迷いながら話し合いに入ってしまう。その結果、話し合いに緊張感がなくなる→頭の中での言語活動が活性化される割合が低下するのではないか。二つ三つ出た意見を強制的にでも「一つにまとめよ」と指示することにより、話し合いでの緊張感は高まり、「でも、わたしたちのグループでは一つにまとまりません、どうしても二つになります」という強固な意見として言語活動の質が高まるのではないか。このような言語活動の質の高まり・深まりを目指すのが、学習集団のアクティブ・ラーニングではないのでしょうか。

教師㉞で、「こまの説明」……「代表的な」……「ちょっと覚えておいてください」という指示にも不満が残る。ではなぜ、永橋先生は、その前にわざわざ青チョークで板書したのか。もし筆者が授業者なら、この二つを板書しておく。板書する理由は、話し合いの途中で、今何を中心に話し合いをしているのか、子どもがわからなくなったら、板書を見ればすぐ、ああ、これだと確認できるからである。グループでの話し合いを活性化するためには、この種の配慮も重要であろう。これは、高橋氏が「自分の考えを持っている子どもは約半数であるにもかかわらず個人学習を打ちきってしまって……」というコメントに示唆されたからでもある。少々厳しい言い方になるが、永橋先生が子どもからの意見を板書しなかったことで、教師㉞の次に、子どもが「ぼくは分け方は同じだけど、中は、1段落の答えが書いてあると思います。」という重要な意見に気づけなくなってしまったのではないか。その結果教師㉟で、「今二人の意見が出ました。」と全く誤ったまとめをしてしまっている。先の「答えが書いてある」と言った子どもの気持ちへの寄り添いにも教師は配慮していかないと、質の高い学習集団の授業は成立しないのではないか。この延長線上の問題であるが、教師㊴で、「まただ大事な意見が出ました……」と直前の子どもの「問いに対する答え」を受け止めているが、この答えは、教師㉟の前にすでに出ているではないか。

最後に、高橋さんも教師㊴の後でコメントしているように、ここで三つの理由付けについての討論が欲しかった。昔から言われているように、学級での集団思考を盛り上げ、深化させるためには、その前提として、教師の方から子ども達の間に「対立・分化」が生じるような問いかけをし、そこで生じた対立・分化をめぐって話し合いを組織していくという手順を踏む必要があったのではないか。

3 改善点

教師㉜のような教師によるまとめは改善してほしい。この前兆は、直前の教師㉛で、「今の二人の意見もみなさんよく覚えておいてください」にすでに出ている。探求型学習を目指す以上、「覚えておいてください」と教師が言ったらおしまい、という心構えで授業に臨む必要がある。したがって、教師㉜の「はじめははじめ、中は中、終わりは終わりのそれぞれの役割がある」ということをそれこそ子どもたちが全員で、ああでもない、こうでもないと話し合いながらの集団的探究活動を展開していく中で、そうだ、そこには○○な理由とは違う△△な理由があったんだ。でも、自分が一人で読んでいる時には気づかなかった、みんなで話し合いながら、学習するってこんなに楽しくて、おもしろいことなんだということを感動的に体得していくのが、アクティブ・ラーニングではないのか。この点を忘れると活動主義のいつか来た道に陥る危険性がある、と危惧するのは筆者だけであろうか。風景としての学習活動のアクティブさよりも、思考活動・認識活動でのアクティブさをこそ重視したい。

3　授業者へのコメント　その2

臺野　芳孝（千葉県千葉市立北貝塚小学校）

1　授業を成立させる緊張感と集中

アクティブ・ラーニングを成立させるのは、子どもたち自身の学習に対する姿勢である。自分たちで学ぼうとする姿勢を育てていくことで、子どもたちを深い学びへと導いていく。この姿勢は、やる気だけの問題ではない。

授業の導入では、子どもたちのあいさつや姿勢、一斉に声を出し学習の重点の確認、ノートに書く作業と、授業に対する緊張感を高めさせている。学習の規律がしっかりと保たれている様子で、子どもたちの集中が高まっているとうかがえる。

アクティブ・ラーニングという言葉から、子どもたちが楽しく学習をする活動を作りだそうという昨今の風潮に対し、ぴんと背筋を伸ばした学習の時間を全員で共有しようという雰囲気が伝わってくる。「大きな声で」「しっかり書く」などの指示も効果的である。

2　子どもたちと学び方の確認をする

まず、教師⑤の文種の確認である。説明的文章と文学作品の読み方は、当然異なる。説明的文章は構造をおさえながら、段落の論理関係を明らかにして、「何をどのようにして説明しているのか」を読み取る学習をするという問題意識を共有している。

アクティブ・ラーニングを生かすには、何をどうやって解決していくのか、基本的な学び方を身に付けていなければならない。目の付け所を見つける経験や、話し合うための「言葉」を持っていることが大切である。

授業では、既習の説明文「言葉であそぼう」での読解の経験を、想起させながら、子どもたちの思考・判断のより所とさせようという意図がよくわかる。教師⑰で、既習の「言葉であそぼう」の学習事項を生かしながら、「はじめ・なか・おわり」という観点を示すことで学習の方向性を指示している。子どもたちも教師の意図に応える形で発言をしている。（教師㉛に対して子どもが答えている。）

3　具体的に身についているのは

子どもの反応がよく、教師の問いに一生懸命考えて答えている。文章を読み、何が書かれているのかを読み解く楽しさを知っている、それが、一番の子どもたちが身につけている能力であるといっても過言ではない。このように情意面でも子どもたちを伸ばしているのは、普段の授業経営の賜物である。

永橋先生の授業では、それまでの学習で子どもたちが身につけてきた学習メソッドを使って、「こまを楽しむ」を読み取らせようという意図が感じられる。

子どもたちは「はじめ・なか・おわり」の区別ができている。教師の説明が省かれているが、「はじめ」には「問い」があり、「なか」に「問いに対する答え」「具体的な説明」が書かれているなど、説明的文章を読む方法を、子どもたちが身につけている。

話し合いの中でも、「問い」「問いに対する答え」、「このように」というまとめの言葉や、「説明」などを用いて話し合えている。基礎的・基本的な事項が身についているのが推し量れる。

4　話し合いの方法について

「こまを楽しむ」は、一段落の問題提示に対して、2～7段落で六つの具体例を挙げている。1段落の問題提示は、二つの「問い」の文があり、2～7段落の第1文が「問いに対する答え」になっている。簡潔に書かれているので、3年生でも理解力がある子であれば、容易に構造をつかめる。

本授業でいうと、意見が分かれることがなく「はじめ・なか・おわり」を決定することができた。教師㉒で、自分の考えを持ったと意思表示したのが半分以上であったことで、グループの話し合いに入ってしまった。

アクティブラーニングを意識した場合、私は話し合いのさせ方は二通りあると考える。一つはAかBかの二者択一型、もう一つは答えをより多く探す競争型である。

全員に「はじめ、なか、おわり」を分けさせた場合、読み誤りなどがなかったか。もし、あるとすれば、二者択一型の話し合いができたであろう。

全員が意見を持つためには、ある程度の時間が必要になる。授業の予告をし、家庭学習で「はじめ、なか、おわり」を決めておくという方法があった。授業で考えさせるのであれば、意見がまとまったことを何かしらの形で表明するようにし、全員が考えを決めるようにするとよかった。学習リーダーに知らせ、全員が意見を持ったらグループの話し合いをする。遅い子には、早くできた子が考えを尋ねながら意見を持たせるようにする。

「こまを楽しむ」では、考えの揺れはなさそうである。この場合は、競争型の話し合いをするとよい。

では、どんな競争が考えられるか。

本授業では、「はじめ」と「おわり」が決定できればよい。一段落が「はじめ」である理由、八段落が「おわり」である理由をいくつ見つけられるか、という競争を仕掛けるとよい。

本授業で子どもたちが述べた1段落が「はじめ」である理由は、2段落～7段落が説明である、「問い」があるの二点である。できれば、「はじめ」の役割、意味づけを見つけるべきだった。問題提示は「どんなこまがあるか」「どんな楽しみ方があるか」である。「はじめ」は、読者にこれから何について説明をするのか、話題を提示する役割もある。「こまを楽しむ」では、日本のこまに様々な工夫があり、世界で一番種類が多いと話題を提示している。ここに読者を引きつける工夫もある。これらを見つける競争を仕掛けるのである。

8段落が「おわり」である理由も、本授業では、「このように」のまとめる言葉に着目しただけである。「おわり」の決定については、「はじめ」と文章が似ている点を探す競争型の読み方もあった。「さまざまな」「日本」「生み出す」などの言葉を見つけてもよかったと思う。

読解の得意な子だけで授業が進まないよう、「なか」の各段落の第一文に「問いに対する答え」があることについては、本時でなくてもよかったのではないかと考える。

4　授業者自身のコメント

永橋　和行（京都府・立命館小学校）

1　文章全体を俯瞰させることの重要性

小学校中学年（3・4年生）にとって文章全体の構成・構造の読みとりは、重要な学習である。

文章全体を俯瞰することで、「はじめ」「中1」「中2」……「おわり」といったまとまり、つまり小さな論理の塊が見えてくる。また、文章の大きな仕掛けや表現上の特色も見えてくる。そしてそれらが見えてくることで、次の論理の読みとりや文章吟味が、より効果的に行える。

私は、説明的文章の構成・構造の読みとりでは、次の手順で指導している。

①　問題提示（問い）や話題提示がどこに、どのように書かれているのかをつかむ。これで「はじめ」がわかる。

②　問題提示（問い）の答えがどこに、どのように書かれているのかをつかむ。答えは、「おわり」もしくは「中」の終わりにまとめて書かれていることもあれば、「中」でまとめてそこで終わっていることもある。

③　右記の①②に基づいて「はじめ」「中」「おわり」を把握する。

④　「中」をさらにいくつかのまとまりに分ける。（話題や内容を考えて「中1」「中2」……と分ける）その際に、「中1」「中2」……の相互の関係を把握する。（並列か、累加か、発展か等）

⑤　それぞれの「中」に小見出しをつける。

2　初めての説明文の授業

今回の授業は、文章全体を「はじめ・中・おわり」に分けるという授業であった。子どもたちとは、この四月に初めて出会った。この教材を学習する前に、「ことばで遊ぼう」という教材で、初めて文章を「はじめ・中・おわり」に分ける学習を行っている。そして「こまを楽しむ」の学習に入った。3年生になりたての子どもが、説明文の構成・構造を読みとることは難しいのではないかと思ったが、この教材の構成・構造はそんなに難しくないと考えた。今回の授業のねらいは、「はじめ・中・おわり」に分けることよりも、「問い」に対してその「答え」がどこに書かれているのかを読み取ることにした。この教材の場合、「問い」は二つの文に分かれているが、「答え」は一つの文に書かれていることも読みとらせたいと考えた。

3　対話・討論のある授業をめざす

今回の文章全体の構成・構造を読みとる授業などのように、読みとりの違いを明らかにしながら一つに絞り込んでいく授業では、教師の発問にただ答えるだけではなく、学習集団を生かした討論（話し合い）のある授業が有効だと考えて実践している。つまり「はじめ・中・おわり」がどこになるのかということや、「中」をさらにいくつかに分けるのかという一つに絞り込む授業過程で、討論（話し合い）が生きてくる。授業に討論（話し合い）を取り入れることで相手とコミュニケートする力、相手を真理と論理に基づいて説得する力も身につくと考える。さらに討論を経て真理にできるだけ近づこうとする態度も身につけさせたいと考えている。そのためにみんなでいろいろ意見を出し合い討論しながら読みとりを深める授業にしていきたいと考えている。

今回の授業は、（個人の思考→学習グループでの話し合い→全体での話し合い）という進め方で授業を行った。学習グループの話し合いの指導やリーダーの指導が十分にできていないために、話し合いが上手く噛み合わないことも多いが、学級の子どもたちはいつもよく発言したと思う。積極的に発言をする子どもが多いので、もっと鍛えて、子ども同士でどんどん学習を進めて、読みとりを深めていけるような学習集団に育てたいといつも思っている。そのためには、グループでの話し合いの仕方の指導だけではなく、学習リーダーの指導も計画的に行う必要があると考えている。

1　アクティブ・ラーニングの成立要件と授業デザイン

藤原　幸男（沖縄キリスト教学院大学）

1　はじめに

アクティブ・ラーニングは、次期学習指導要領の柱として打ち出されたこともあって、ここ一年で小・中・高校に爆発的に広がってきている。

しかし、アクティブ・ラーニングの推進を支えてきた溝上慎一が、「この一年、アクティブ・ラーニングは、その推進を支えてきた溝上慎一が、「この一年、いい加減なアクティブ・ラーニングの本や解説書が次々刊行され、現場を混乱させていることに私は社会的責任を感じている」[1]と記さざるを得ないほど混乱状態にある。とはいえ、アクティブ・ラーニング関係の出版物には、数は多くないが、確かな理論と質の高い実践を提起しているものも見られる。それらを批判的に摂取しながらアクティブ・ラーニングの可能性もみる必要がある。

本稿は、アクティブ・ラーニングをめぐる議論、アクティブ・ラーニングの成立要件と授業デザインを述べる。

2　アクティブ・ラーニングとは何か

アクティブ・ラーニングは、二〇一二年中教審答申「新たな未来を築くための大学教育の質的転換に向けて」の中で、「教員による一方向的な講義形式の教育とは異なり、学修者の能動的な学修への参加を取り入れた教授・学習法の総称」だと規定された。これを契機にアクティブ・ラーニングが広まる。しかし、この規定には、思考が欠落している。学習への能動的参加に注目しているにすぎない。

アクティブ・ラーニングの定義としてよく引用される

ボンウェル・アイソンの定義の要件には、「高次の思考（分析、総合、評価）を働かせること」があげられている。溝上は「活動と思考／認知的プロセスとは表裏一体の関係」であり、「ともにアクティブラーニングの重要な構成要素となっている」として、「活動への関与と、そこで生じる認知プロセスの外化」をアクティブ・ラーニングの定義としている。[2]認知プロセスの中に思考過程が内在しており、溝上の定義のほうが適切である。

二〇一二年中教審答申のアクティブ・ラーニング規定は、部分的であれ、授業の中で参加の学習形態を取ることを重要視する。いまや大学授業において授業の終わりにリフレクションシート（感想・意見）を書かせるスタイルは広まっている。リフレクションシートに書く活動は、経験と結びつけて授業内容を「思考する」ことを求める。しかし、「認知プロセスの外化」をとおして理解度・関心度がわかるが、一方的な講義形式の授業の変更に結びつかない。リフレクションシートに書く活動をアクティブ・ラーニングだとすると、ほとんどの大学授業はすでにアクティブ・ラーニングを実践していることになる。

一歩進んで、大学の授業にグループ学習を導入して、アクティブに学習させる動きも広がっている。グループ学習は学生の参加意欲を高めると考えられているが、必ずしもそうならない。「フリーライダーの出現、グループワークの非活性化、思考と活動の乖離」の指摘がある。[3]グループ学習は、課題や遂行過程を綿密に考え指示を明確にしておかないと活動の方向性がずれ、混迷し、活動がだれてしまう。中には、グループ活動に参加しない者も出てくる。その場合、特定の人で仕上げてしまうことになる。グループ学習を取り入れたからといって、アクティブ・ラーニングになるという保障はない。

さらには、グループ学習を取り入れ、活動がうまく進んで活発になったとして、それでよいのかという問題がある。深さが問われる。「学習への深いアプローチ」が重要になる。松下佳代は「深い学習」「深い理解」「深い関与」を重視し、「外的活動における能動性」だけでなく「内的活動における能動性」を重視した学習を、「ディープ・アクティブラーニング」とした。大学教育の実践を踏まえて、それは、「学生が他者と関わりながら、対象世界を深く学び、これまでの知識や経験と結びつけると同時にこれからの人生につなげていけるような学

習」とした。(4)

この定義は対象世界・他者・自己の三位一体的学習論(佐藤学)を思い起こさせる。ただ、やや浅い記述にとどまっている印象を受ける。アクティブ・ラーニングの深さを追求すると、①他者と関わるだけでなく、他者との協同関係を形成すること、②これまでの知識や経験と結びつけるだけでなく、それを使って、組み合わせて新しい知識を構築することが重要である。その点にディープ・アクティブラーニングの深さがみられるのである。

学習の深さにこだわったディープ・アクティブラーニング論をみてきたが、単なる学習形態としてアクティブ・ラーニングを考える研究者もいる。中井俊樹は、アクティブ・ラーニングは教授・学習の形態を問うものであって「内容や質を問うものではない」とし、「アクティブラーニングを授業に取り入れる際には、学習の質にこだわる必要があり」、「教員は学習自体が質の高い学習につながるように学習活動を設計し、実際に質の高い学習になっているかどうかを確認することが必要」だとしている。(5)

アクティブ・ラーニングに質的側面を含むかどうかは重要な論点である。中井のように単なる形態と位置づけるにしても、質を追求した授業デザインが重要になるのである。中井の用語法にしたがうと、アクティブ・ラーニングという形態を使って、ディープ・アクティブラーニングを引き起こすことが重要になるのである。

3　アクティブ・ラーニングの成立要件

中教審は教育課程企画特別部会「論点整理」(二〇一五年八月二六日)の中で、学びの質や深まりが重要だとして、「課題の発見・解決に向けた主体的・協働的な学び(いわゆる「アクティブ・ラーニング」)」をあげ、「子どもの学びへの積極的関与と深い理解を促すような指導や学習環境を設定する」ことの重要性を述べた。それを踏まえて、学習過程の改善の視点として、次の三点をあげた。

①習得・活用・探究の学習過程の中での、問題発見・解決を念頭に置いた深い学びの過程の実現。

②他者との協働や外界との作用を通じての、自らの考えを広げ深める対話的な学びの過程の実現。

③見通しをもって粘り強く取り組み、自らの学習活動を振り返って次につなげる主体的な学びの過程の実現。

「論点整理」では、現行学習指導要領における「言語活動の重視」などの成果を受け継ぐと言っているが、「言語活動の重視」との関係が不明瞭である。

しかし、「学びの質や深まり」「深い理解」「深い学び」の実現との関わりにおいてアクティブ・ラーニングを位置づけたことは評価できる。アクティブ・ラーニングは学習の質・深さとの関連が問われるからである。

にもかかわらず定義の曖昧さには問題が残る。「主体的・協働的な学び（いわゆる「アクティブ・ラーニング」）」の部分において、主体的とは何を指すのか。[6] 学びとは、機能をさすのか、過程なのか、形態なのかが不明である。しかも「いわゆる」という修飾語によって「アクティブ・ラーニング」の明確な定義を避けている。

学びの改善の視点については、次のことを指摘できる。

一つには、習得・活用・探究の学習過程の中にアクティブ・ラーニングを位置づけたことである。

改善の視点は習得・活用・探究の学習過程という形で一括して論じているが、教科学習と総合学習では構造が違う。すなわち、教科の授業では習得・活用を、総合的な学習では探究をめざすといった区別と関連の中で学習過程が構想される必要がある。その中にアクティブ・ラーニングが位置づけられなければならない。

石井英資が言うように、学習は、教科学習では教科に枠づけられた学習活動の中で展開され、知識の獲得・定着、知識の意味理解・洗練、知識の有意味な使用と創造が重要になるのに対して、総合学習では、学習の枠づけ自体を学習者が決定・再構成する学習過程の中で展開され、自律的な課題設定と探究、社会関係の自治的組織化と再構成が重要になるというちがいがあるのである。[7]

その際、「課題の発見」は、教科学習にあっても総合学習にあっても、最初から課題設定を子どもにゆだねるのではない。教科にあっては、教科・単元の本質から「核となる課題」や「本質的な問い」を教師が出すことを控えてはならない。総合学習においても、学級全体で取り組むテーマは教師が決めて、子どもの学習活動を誘発するような働きかけが重要になる。[8] その上で子どもの「課題の発見」が生まれることを忘れてはならない。

二つには、他者との協働の中で考えを広げ・深めることを明確にしたことである。

他者との協働をグループ学習に限定していない点も重

要である。他者との協働は学級全体の場面での学習にも当てはまる。ただし、考えの広がり・深まりだけでなく、協同関係の形成も忘れてはならない。細かく配慮された適切な指導抜きには、協同関係の形成は困難である。

三つには、学習過程の見通しと振り返りを位置づけたことである。近年の研究成果によってメタ認知が学習過程の遂行に深くかかわっていることが指摘されている。メタ認知を適切に位置づけたことは評価できる。

ところで、アクティブ・ラーニングの根幹をなす協働学習がうまく機能するには、授業内外の活動をとおして学習集団が形成される必要がある。「一人はみんなのために、みんなは一人のために」という連帯精神でもって、学習の落伍者を出さないでみんなで援助し合い学び合う学習集団であってこそ、授業での協働学習はうまくいく。そのためには、授業外の学級行事、学校行事などの取り組みをとおして自主的・自治的な集団を形成する必要がある。教科学習や総合的学習においても、学習規律と協同的関係を定着・発展させて、課題をめぐって共同で模索し、知恵を出し合い、解決策を生み出す経験が求められる。

先の授業改善の視点においては、対話の重要性は指摘されているが、その基盤となる学習集団については論究されていない。だが、学習集団こそがアクティブ・ラーニングの基盤となることを忘れてはならない。「授業形態をアクティブラーニング型に変えるだけでは意味がなく、アクティブラーニング型授業が建設的に展開できるような集団形成がまず求められる」[9]のである。

このように考えると、アクティブ・ラーニングの成立要件としては、①授業内外をとおしての学習集団の形成、②教育内容と教材・単元の構造化に立脚しての「核となる課題」・「本質的な問い」の提示、③課題発見・解決へと進む授業展開（授業構成）、④協働活動の組織化、が重要になる。

4　ジグソー法と国語科読みの授業

主体的・協働的学習がアクティブ・ラーニングだとすると、グループ学習でなくても可能である。このことを認めたうえで、グループ学習は適切に指導されれば学習参加を保障し、子ども相互の関わりを活性化し、深い学習へと発展する可能性を秘めていることを指摘しておきたい。全体学習と連結させればアクティブ・ラーニングの重要な形態となる。

　ここでは、ジグソー法を使ってグループ学習を展開し、ディープ・アクティブラーニングに挑んだ国語科授業を紹介する。

　ジグソー法はピース（部分）を合わせて全体を完成させるジグソー・パズルが由来である。学習内容を三分割し、分割された内容を三人グループの一人が受け持つ。同じ担当となったメンバーで専門家グループをつくり学習する。それを持ち寄って、ジグソーグループで紹介し合う。ジグソーグループ内では、分割された部分は自分のみが専門家になるため、自律した学習者として他者に教える責任が出てくる、という点に特徴がある。(10)

　ジグソー法はグループの切り替えを内在している。そのために、ある程度グループ学習に慣れ、協同的関係が成立し、学習集団として成熟していることが前提になる。高度な学習行動を必要とする学習形態である。

　小学校国語科の読みの授業において、難波博孝と因北小学校は、中高学年で、ジグソー法を共通の学習形態にして国語科の読みを深める共同研究に取り組んだ。(11)

　物語文は導入・展開・終結で構成され、大きな転換が隠されている。そのため、各場面で分割してジグソー学習を組んでも全体がわからず、読みの学習にならない。

　そこで、まず全員に教材全体をしっかり読んであらすじをまとめさせる。その上で、教材を複数の登場人物の視点で読む。主人公とそれ以外の人物の視点で読むことを課題別グループで行い、それの持ち寄りによって多面的な読みを創出しようとするのである。

　難波によれば、読むことのジグソー学習は、「複数の全体」と「新生」がキーワードだという。①物語文の本質を踏まえた教材構造の分析から、三種の人物の視点から物語全体を読むというジグソー（断片）の設定をして、「複数の全体」を確保すること、②最後のジグソーグループでは、伝え合いを越えて、必然性をもって「新生」を生み出すことを仕組んだことに特徴がある。

　「親子げんか」を取り扱った「カレーライス」（重松清）の授業実践では、「ひろし」「お父さん」「お母さん」の三つの視点から教材全体を読み、家族を疑似体験することをねらいとする。中心課題を「ひろしとお父さんは仲直りできたのだろうか」に置く。その際、「ひろし」「お父さん」「お母さん」の三グループに一人ずつ教師がついて、それぞれのグループが担当する登場人物の性格や気持ちの変化をしっかり学ぶ。

こうして、「児童は自分の担当する登場人物について、確かな読みをもってジグソーグループに戻る」のである。この授業実践では、二つのクラスを解体して三人の教師が教える「学年内ジグソー学習」を組み、しっかり教えている。それは「課題別グループでしっかり教師が教えなければジグソーグループの学習も、単元全体の学習も深まらないという経験」によるという。

担当する登場人物の性格と気持ちの変化を、「最終的に、各登場人物の『ひとりごと』という形でジグソーグループに報告できるようにまとめていく」。そうするのは、難波によれば、「学んだことをすべて話してしまうとジグソーグループの学習が単なる報告会になるからだ」という。

課題別グループでは、「自分の書いた意見を班で回し読みをする。回し読みをする中で、書き足りない部分や新たに付け加えたい意見があれば書き加える」という活動を行っている。(12)「ひとりごと」の内容を協同で仕上げていくのである。

「家族の誰かになってひとりごとを書く」という活動を設定して、物語の前半と後半に分けて、それぞれ一時間とって課題別グループ（二五分）の活動を行い、そのあとジグソーグループ（二〇分）という流れで進めていった。

ジグソークラスでは「三人の人間関係を一つのキーフレーズで表してみよう」という活動目標を設定して、活動を進める。難波によると、「ここで考えるキーフレーズは、文章中にはない言葉になるはず」であり、「ここに『思考力』『表現力』が培われ活用されることになり」、「どのフレーズにするかで『判断力』も鍛えられる」という。

後半の読みを踏まえて、「ごちゃごちゃの関係→三人が思い合っている関係」「気持ちを素直に表しにくい関係→心が通じ合っていく関係」が明確になっていく。そのあと、ジグソークラスで三人の関係をキーフレーズで表現した内容を黒板に貼り、全体で交流する。そのことによってより多様な考えに触れることができたという。

この実践では、普通は「ひろし」の視点で読まれがちな教材を「ひろし」「お父さん」「お母さん」の三視点から読ませて、視点ごとのグループ→ジグソーグループに進めていったこと、そのさい視点別グループでは「ひとりごとを書く」「三人の人間関係のキーフレーズを書く」という活動目標を明確に設定し、協同的活動を引き起こしたことが特徴である。

このようにジグソー学習では、教材構造に即したジグソー分割、活動目標の明確な設定、協同的グループ活動が重要になるのである。

注

(1) 溝上慎一「アクティブラーニング・シリーズの刊行にあたって」安永悟・関田一彦・水野正朗編『アクティブラーニングの技法・授業デザイン』二〇一六年、東信堂、ⅰ頁。

(2) 溝上慎一『アクティブラーニングと教授学習パラダイムの転換』二〇一四年、東信堂、二二頁。

(3) 松下佳代・京都大学高等教育研究開発推進センター編『ディープ・アクティブラーニング』二〇一五年、勁草書房、五三頁。

(4) 同書、一八～二三頁。

(5) 中井俊樹編『アクティブラーニング』二〇一五年、玉川大学出版部、七頁。

(6) 須長一幸は、「学習において主体的である」状態は必ずしも自明でないとしつつも、学習活動への肯定的関与、当事者意識、自律をあげている。須長一幸「アクティブ・ラーニングの諸理解と授業実践への課題」『関西大学高等教育研究』創刊号、二〇一〇年、四頁。

(7) 石井英資『今求められる学力と学びとは』二〇一五年、日本標準、二三頁。

(8) 杉江修治『協同学習入門』二〇一一年、ナカニシヤ出版、五〇～五二頁。

(9) 河村茂雄「学級集団の状態と授業の展開との関係」『早稲田大学大学院教育学研究科紀要』第二六号、二〇一六年、三九頁。

(10) 中井俊樹編『アクティブラーニング』一七〇頁。

(11) 難波博孝「国語科ジグソー学習」『教育科学・国語教育』二〇一六年五月号。難波博孝「国語科ジグソー学習入門、第二回、国語科読むことのジグソー学習入門、第三回、学年内ジグソー学習とは」『教育科学・国語教育』二〇一六年六月号。難波博孝・尾道市立因北小学校『ジグソー学習を取り入れた文学を読む力の育成』二〇一〇年、明治図書。以下の記述は上記文献にもとづく。

(12) 山崎千佐「対話能力と読みの力を高める国語科学習指導の在り方―文学的な文章に『ジグソー学習』を取り入れて」『国語科授業論叢』第一号、二〇〇九年、広島大学教育学部難波博孝研究室、一〇五頁。

Ⅳ 提言：「アクティブ・ラーニング」をどうとらえ、どう生かしたらいいのか

2 自分の既有知識・経験から類推するアクティブな学び

鶴田清司（都留文科大学）

1 「アクティブ・ラーニング」をめぐる動向

「アクティブ・ラーニング」については、拙稿「『アクティブ・ラーニング』を問い直す〜すべての学びの基本原理である〜」（「読み」の授業研究会編『研究紀要16』二〇一五年十二月、一〜八頁）において基本的な考え方を述べておいた。まとめると、次のようになる。

①「アクティブ・ラーニング」は授業の基本である。

②「アクティブ・ラーニング」という新しい言葉に振り回される必要はない。「アクティブ・ラーニング」は何ら特別なもの、新奇なものではない。

③ふだんの授業の質を高めること、子どもの学びの質を高めることが「アクティブ・ラーニング」の要諦である。単に学習形態や学習活動がアクティブであるということではなく、子どもたちの内面的な思考活動がアクティブであるということが大切である。

④そうした学びは学習材に対する子どもたちの問いから立ち上がる。

⑤そうした学びが深まるためには、問題解決を子ども任せにするのではなく、教師の学習材に関する深い知識や授業に関する実践的見識に基づく指導・支援が必要になる。そこには問題解決に必要な基礎的な知識・技能を教えるということも含まれる。

⑥「アクティブ・ラーニング」が目的ではなく、それによる思考や認識の深まりこそが目的である。

新学習指導要領に向けて現在行われている中央教育審議会教育課程部会の改訂作業でのやりとりをみると、こ

うした観点がだんだん強まっているように感じる。
二〇一二年の『新たな未来を築くための大学教育の質的転換に向けて～生涯学び続け、主体的に考える力を育成する大学へ～（答申）』（二〇一二年八月二十八日）には、次のように書かれていた。

> 生涯にわたって学び続ける力、主体的に考える力を持った人材は、学生からみて受動的な教育の場では育成することができない。従来のような知識の伝達・注入を中心とした授業から、教員と学生が意思疎通を図りつつ、一緒になって切磋琢磨し、相互に刺激を与えながら知的に成長する場を創り、学生が主体的に問題を発見し解を見いだしていく能動的学修（アクティブ・ラーニング）への転換が必要である。（傍線は鶴田）

また、「アクティブ・ラーニング」については、次のような定義がなされていた。

> 教員による一方向的な講義形式の教育とは異なり、学修者の能動的な学修への参加を取り入れた教授・学習法の総称。学修者が能動的に学修することによって認知的、倫理的、社会的能力、教養、知識、経験を含めた汎用的能力の育成を図る。発見学習、問題解決学習、体験学習、調査学習等が含まれるが、教室内でのグループ・ディスカッション、ディベート、グループ・ワーク等も有効なアクティブ・ラーニングの方法である。（同「用語集」）

要するに、「アクティブ・ラーニング」とは、主体的・能動的な学習法の総称である。その後、「アクティブ・ラーニング」をめぐる教育界の議論が活発化していく中で、活動主義、形式主義に陥りやすいといったデメリットが指摘されるようになり、中央教育審議会における改訂作業にも少なからぬ影響を与えていった。そのなかでも最も大きなものは「ディープ・アクティブラーニング」の主張であったと思われる（松下佳代編著『ディープ・アクティブラーニング』二〇一五年、勁草書房）。

松下氏は、「アクティブラーニング」では、内化ばかりの講義を批判するあまり、内化がおざなりになりがちである。（中略）ディープ・アクティブラーニングでは、内化と外化をどう組み合わせるかが課題となる」（九頁）として、「深い学び」の必要性を説いたのである。

実際、中央教育審議会教育課程部会「国語ワーキンググループ」の審議の「とりまとめ」（二〇一六年五月三十一日）を見ると、『『アクティブ・ラーニング』は、本来、資質・能力を育成するための視点であり授業の「型」ではないにもかかわらず、その趣旨が学校等に十分伝わっていないように感じられること、活動に注目が行き過ぎているが、活動そのものではなく、活動が学びにどのようにつながるかが重要であることなどの懸念が指摘された」として、「アクティブ・ラーニング」を「深い学び」「対話的な学び」「主体的な学び」という三つの観点から捉え直している。

ここに来て、「アクティブ・ラーニング」が活動主義、形式主義に陥りやすいとの問題意識から、「深い学び」が強調されるようになったのである。ただし、そこで言われている「深い学び」が具体的にどのようなものなのかは詳しく説明されていない。

そこで小稿では、「アクティブ・ラーニング」の要件とされる「主体的な学び」「対話的な学び」「深い学び」とは何か、どのようにすれば実現するかという問題について、私なりの視点から究明していきたいと思う。

結論的に言うと、真にアクティブな学びとは、自分の既有知識や生活経験などに基づいてテキストを解釈すること（テキストとの出会い）によって、学びの対象となる世界を〈わがこと〉として考え、他者（教師や他の子どもたち）との対話・交流を通して、新たな既有知識の再構成、新たな知の生成に向かうような知識活用・創造型の学びのことである。

そして、そこで最も重要な働きをするのが、類推（アナロジー）による思考である。以下、授業の事例に基づいて詳しく述べていきたい。

2 既有知識・経験から類推するアクティブな学び

（1）「大造じいさんとガン」の授業（小学校五年）

かつて河野順子氏が行った「大造じいさんとガン」（椋鳩十）の授業（未公開）で、「大造じいさんはなぜ残雪を撃たなかったのか」という課題をめぐる話し合いを見てみよう（子どもの名前は仮名）。

伸一　このおとりのガンは残雪の敵なんですよ。わかる？　わかる？　わかりますね。残雪にとってこいつは敵なんですよ。（中略）

大造じいさんがそのとき思ったのは、今、残雪はもしこれが敵でもスパイでもない味方だったとしたら絶対に助けると思うんですよ。みんなでも助けるよね。例えば親友が、なんかヤクザとかにおそわれそうだったら、逃げるとしても、逃げる人は結構いると思うけど、まあ助けるよね。

C　えー。

伸一　まあ助けるとしよう。まあ、ヤクザが怖いからとしてという人もおるかもしれないけど、正義心のある人は絶対助けようと思うんですよ。だけど、例えば、僕とひろしくんが友達ということで……。

C　ええ？

伸一　まあまあまあ例、ひろしくんとようすけくんはライバルということで、ライバルというか敵ね、いつも喧嘩ばかりしてる。たろうくんとこうすけくんが、じゃあヤクザみたいな感じで。

C　ええ？

伸一　そしたら、もし僕がやられそうだったら、ひろしくんは友達だから助けに来てくれるんよ。でももし、ようすけくんだったら、敵だからひろしくん、その場でどうしますか？　ようすけくんがやられています。

C　でも、人として助けると思います。大嫌いです。

C　ええ？　本当？

伸一　今の、この残雪の考え方で、**もし普通の人なら、もし恐がりだったら、ようすけくんは敵だからいいよ、いいよ。勝手にやられとけばって、そういう気持ちになると思うんですよ。**でも残雪は、ひろしくんの言った通り、同じガンとして、仲間として助けようという気持ちがあったら、普通に人よりも上なわけですよね。でも、大造じいさんは、助けてくれているのに、撃とうとしているとか、卑怯として、下ですよね。残雪よりも。だから、この残雪よりも大造じいさんは鳥以下ってことは、卑怯な大造じいさんは鳥以下ってことでしょ。卑怯な大造じいさんは鳥以下っていうことだから、そのときに、大造じいさんは、卑怯だから、残雪に、こう撃とうとしている自分がばかだってことや、なんて情けないんだろうとかそういう気持ちがあったから、気持ちが変わったんですね。

伸一の発言は、何とかして自分の考えを分かってほしいという思いにあふれている。根拠となる表現をあげながら、生活経験に基づく類推（アナロジー）による理由づけ（太字部分）を行っている。論理的であるかどうかの必要条件である「経験との対応が明確に表現されていること」（宇佐美寛『論理的思考をどう育てるか』二〇〇三年、明治図書、八七頁）が見事に実現していることがわかる。自分の「友達」ならさておき、自分の「敵」である人間を救おうとするだろうかという問題提起をすることによって、「普通に人よりも上」と、残雪が普通の人間以上の存在であると訴えているのである。

伸一の発言は、巨大な敵に挑んでいく残雪の勇気、そしてそれを見た大造じいさんの感動や衝撃の大きさも具体的にイメージさせることになっている。聞いていた子どもたちも、その発言に鋭く反応しながら残雪の尋常ならざる行為を実感的に理解できたのではないだろうか。伸一が言うように、残雪の行為は子どもが素手で暴漢に立ち向かっていくようなものである。しかも、今は自分の敵となっている相手を救出するためである。それを卑怯にも狙っている大造じいさんは「鳥以下」ということになるのである。

本時のように、自分の身近な生活経験に基づく類推思考が〈わがこと〉としてのアクティブな学び、主体的・対話的で深い学びを生成していることが分かる。

(2) グループ・ディスカッションの授業（中学校二年）

次に、田上貴昭氏の実践を見てみよう。学習課題は、新入生に「附属中の良さ」を伝え、安心して学校生活を送ってもらうためにプレゼンテーションをするときに使う写真を選ぶというものである。

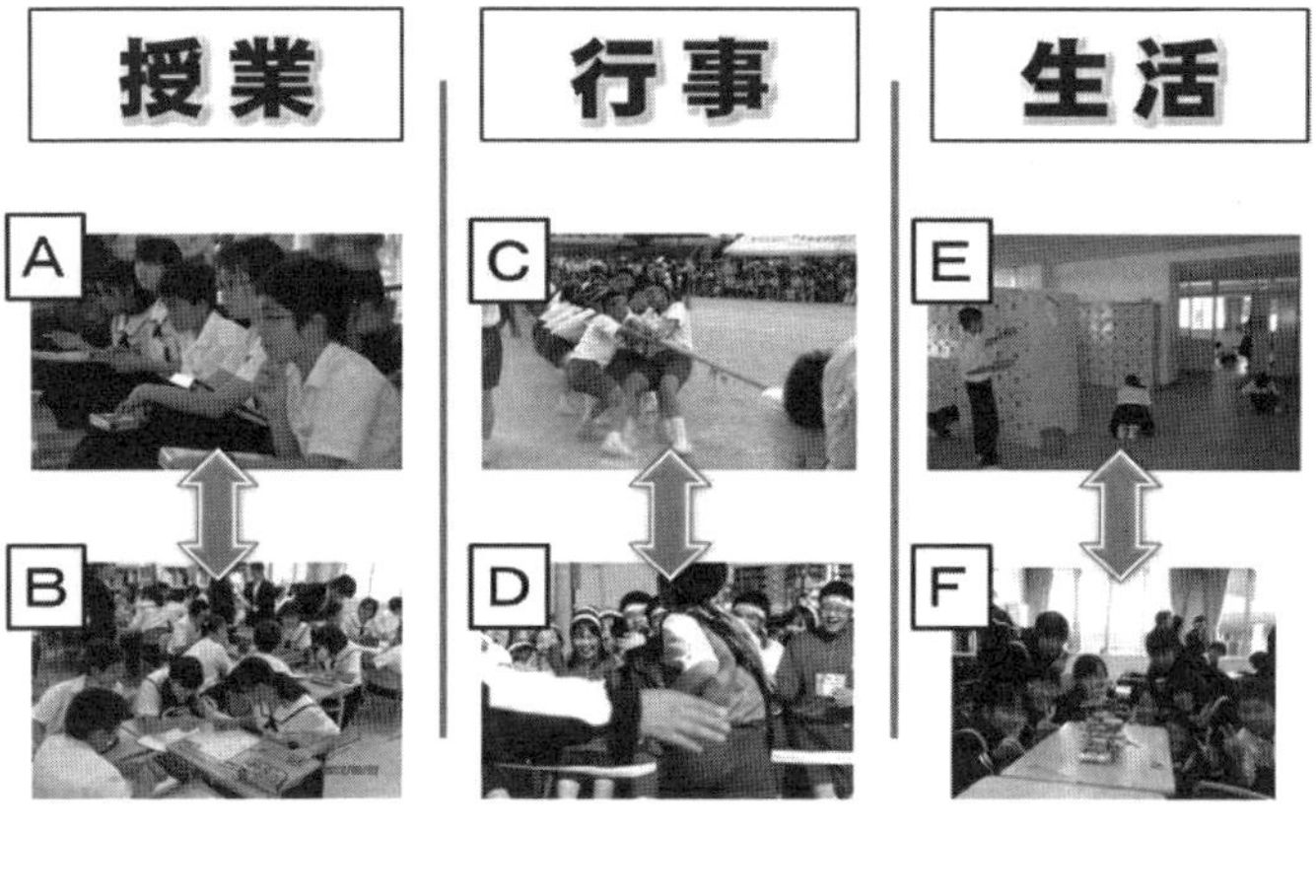

生徒たちは四人一組のグループを作り、「授業」「行事」「生活」という三つの観点から、AとB、CとD、EとFの写真のどちらを使うと効果的かという話し合いをしていった。

田上教諭は、私が提唱する「根拠・理由・主張の3点セット」に基づいて、さらに望ましい理由づけとして「自分自身の経験と関連づけて『一年生が心配していること』を類推すること」が大切であることに気づかせていった。その結果、次のような意見が生まれた。

【意見一】

私はDの写真を選びます。その理由は、Dの写真からクラスの一体感が伝わってくるからです。Dの写真ではゴールする人の向こう側にそれをよろこぶ友達の姿が写っています。Cの写真も良いのですが、やはり、Dの方が、これからの生活に対して不安を持っている一年生にとって「大丈夫かもしれない」と思わせることができると思うので、私はDを選びます。

【意見二】

私は、Cを使えば良いと思います。それは、私が一年生の時に一番不安だったのが「先輩が怖いんじゃないか」ということだったからです。実際には体育大会で一緒に頑張る中で、その不安はなくなっていったので、Cの写真を用いれば、一年生の不安を取り除くことができると思いました。だから、私はCを使えばよいと思います。（鶴田清司・河野順子編著『論理的思考力・表現力を育てる言語活動のデザイン 中学校編』二〇一四年、明治図書、六四～八三頁）

特に「意見二」は自分の経験をもとに新入生の思いを類推している。それによって、聞き手は同じような経験を想起して、「自分もそうだった」と共感し、「なるほど」と納得することになる。こうした理由づけが説得力を高めるのである。

(3)「故郷」の授業（中学校三年）

長元尚子教諭の「故郷」（魯迅）の授業を取り上げよう。「私」が「ルントウ」と再会した場面で、「ああ、ルンちゃん――よく来たね……」や「旦那様！……。」の台詞にある「……」は必要かという学習課題である。日頃から「根拠・理由・主張の3点セット」を活用しているクラスであり、「唇は動いたが声にはならなかった」「悲しむべき厚い壁」などの表現を根拠に、自分なりの理由づけをして、「……」は必要であると主張していた。

特に何人かの生徒は、自分の生活経験からの類推によって、上下関係や身分差という問題を身近な問題として捉え直して、「……」に込められた意味を解釈していた。

ゆか 私はちょっと体験ていうか、例で言いたいんですけど。私、ひろむくんと保育園一緒なんですよね。（笑い）で、中学三年生、このクラスになって、久々に見たとき、めっちゃ、ちょっと大人っぽくなったなって思ったんですよ。で、保育園の時めっちゃ可愛くて、「あ、ひろくーん」とか言ってたのに、なんかちょっと絡みづらいなーって思うようになって（笑い）、多分それはルントウと私も一緒で、まえ仲良かったのに、好きなんですよね。好きなんだけど、どうしても変わっているっていう部分で引っ掛かって、まあそこで、まえ故郷が、私は「故郷はもっとずっと良かった、前はこんなふうではなかった」って言ってたじゃないですか。で、会ったときも、やっぱ故郷とおんなじで、「あれ、ちょっと違うなー」って感じてるんで、そこでやっぱ悲しいとか寂しいなとか思ったから、仲良くなれるかなーとかいう不安もたくさんあって、身分というところに着目しました。（授業ビデオより）

たかし 私とルントウの上下関係ということについて、ぼくの経験を交えながら話すと、ぼくが小学校五年生の時、六年生の先輩と仲良く話してたんですよ。でも中学生になったとき、やっぱり周りの先生とか大人から、先輩にはしっかりとした態度で話しかけろと言われるじゃないですか。それで中学生になって2年生の先輩に突然、今までため口で話してたのを「○○先輩」って言ったら、先輩も驚いた様子で、「あれっ」て言ってたので、大げさな話、それに少し近いのかなと思いました。（鶴田・河野前掲編著、一三八頁）

この作品は今の中学生にとってそれほど親しみやすいものではない。昔の中国の話ということで終わるのではなく、自分たちの問題として考える必要がある。そのためにも、生徒の生活経験に基づく読みの形成と交流は意義がある。そこで効果を発揮しているのが「根拠・理由・主張の3点セット」である。なかでも理由づけにおける類推の働きは大きいことが分かる。

もちろん、自分の生活経験から類推する場合、テキストを自分の経験と安易に結びつけて解釈することは避けなくてはならない。先の「根拠・理由・主張の3点セット」で言えば、客観的な根拠（テキストに書かれてあること）に基づいた合理的な理由づけが必要なのである。なお、私はこの問題について以下の文献で詳しく検討しているので参照されたい（鶴田清司『〈解釈〉と〈分析〉の統合をめざす文学教育～新しい解釈学理論を手がかりに』二〇一一年、学文社、三一一～三一四頁）。

3　まとめ

小稿では、真にアクティブな学びをつくりだすためのポイントについて述べてきた。

授業においては、見かけの活動がアクティブであるということよりも、学習者一人ひとりの頭の中（思考）がアクティブであることが基本である。特に、自分の既有知識や生活経験などに基づく類推によってテキストを解釈することが重要である。こうして学びの対象となる世界を〈わがこと〉として捉え、他者（教師や他の子どもたち）との対話・交流を通して、既有知識の再構成、新たな知の創造に向かうことが目標である。

最近の中央教育審議会における「アクティブ・ラーニング」をめぐる議論で言われている「主体的・対話的で深い学び」の具体的な内実を私はこのように考えている。

なお、自分の既有知識・生活経験に基づく類推は、同教育課程部会「総則・評価特別部会」（二〇一六年五月二十三日）が示した「学習指導要領改訂の方向性（案）」にある「未知の状況にも対応できる思考力・判断力・表現力等」としてきわめて重要なものであると言える。「未知の状況」に対応するためには既知の情報を集めて類推することが不可欠だからである。

Ⅳ　提言：「アクティブ・ラーニング」をどうとらえ、どう生かしたらいいのか

3　「アクティブ・ラーニング」につながる国語科の授業開発

町田守弘（早稲田大学）

1　跋扈する妖怪

二〇一六年現在、教育に関する用語として最も多く用いられているのが、「アクティブ・ラーニング」ではないだろうか。ある教育書出版社の幹部の方から直接聞いた情報によれば、売れない教育書が多い中で「アクティブ・ラーニング」に関する本は売れ行きがよいとのことであった。内容もさることながら、書名にこの用語が使用されている本がよく売れているらしい。少し前には「ＰＩＳＡ型読解力」という用語が頻繁に登場していたが、次期学習指導要領の話題が取り上げられるようになると同時に、今度は「アクティブ・ラーニング」が話題に上るようになった。

この用語の意味、そしてどのような経緯で教育界に広がったのか等々に関わる様々な情報は、すでに多くの場所で詳しく紹介されている。本稿はそれらを踏まえつつも、繰り返し論じられている内容はあえて取り上げないようにしたい。この用語に関する基本的な知見は、多くの文献や資料で確認することが可能で、現に本書の中でも様々な観点から論じられていることから、重複を避けたいという思いがある。

「アクティブ・ラーニング」に関して、早稲田大学の同僚である石原千秋教授が秀逸な比喩を用いていた。石原教授は、いままさに日本の教育界は「アクティブ・ラーニングという妖怪が跋扈」（「文芸時評・1月号」産経ニュース、二〇一五・一二）していると指摘した。これまでにも主体的かつ協働的な課題追究を志向する学びは、

様々な形で実践されてきたはずであり、「跋扈する妖怪」のような「アクティブ・ラーニング」という用語のみに振り回されることなく、今日まで着実に積み重ねてきた実践をしっかりと見直すべきである。

わたくし自身、国語科の授業開発に関してこれまでにいくつかの提言を発信してきた。本稿ではその中から、特に「アクティブ・ラーニング」につながると思われるものを抽出して、これからどのような国語科の授業創りを目指すべきかを改めて検討することにしたい。

2　垂直型から水平型へ

「アクティブ・ラーニング」という用語が話題になった契機は、周知のように二〇一四年十一月二十日の中央教育審議会に対する文部科学大臣の諮問である。諮問文の中では、「課題の発見と解決に向けて主体的・協働的に学ぶ学習」が「いわゆる『アクティブ・ラーニング』」として位置付けられている。まずこの点を踏まえたうえで、わたくし自身が国語教育に関して発信してきたことを確認しておきたい。

特に「読むこと」の領域において国語科の授業を長きにわたって支配してきたのは、教材となった文章の内容について教師が説明を加えて学習者に理解させるという形態、すなわち「読んで、説明して、分からせて、暗記させる」という指導過程である。授業では、教師からの一方向的なメッセージの伝達が全体の大きな流れとなる。学習者は、専ら教師からのメッセージの受信に終始する。このような授業の多くは一斉授業という形態で、すべての学習者が黒板に向き合って座るという教室の空間的な配置も、この授業形態を支えている。

授業において、教師の発問に対する学習者の反応はきわめて鈍い。たとえば「羅生門」（芥川龍之介）の授業で、作品から発信されたメッセージをどのように考えるのかという発問をしたとき、特に意見を述べることもなく、教室全体が「待ち」の姿勢になる。そこで教師が解説を始めると、教室の雰囲気は直ちに変容する。「人間のエゴイズム」の読みを紹介し板書をすると、学習者は決まって板書されたことをそのままノートに写す。赤い色のチョークで「エゴイズム」に傍線を引くと、ほとんどの学習者が赤い筆記用具で同じようにノートに傍線を引く。教師が特に丁寧に解説を加えると、彼らは「試験に出る」

というマークを付ける。定期試験が近くなるころには、教室は「暗記」の学習に支配されてしまう。

教師から一方的にメッセージが届くという形態の「垂直型」の国語の授業が、教室の日常の光景になっている。教科書の教材を「読んで、説明して、分からせて、暗記させる」という授業の形態は、暗記させた結果を定期試験で問うという場所へと帰結する。「試験勉強」はさらに上級学校の入学試験に対応するための「受験勉強」につながる。受験という制度が、初等・中等教育の現場を大きく規定しているという事実も決して無視はできない。国語の授業は読解が多いという現実も、一つに入学試験の出題傾向が読解を主流にしていることと無縁ではない。このような状況が、「アクティブ・ラーニング」が話題になる基盤の一つにある。

国語教室を伝統的に支配し続ける「垂直型」の授業は、学習者から主体的な学習意欲を奪うことになりかねない。そこでまず求められるのは、「垂直型」授業を「水平型」授業へとパラダイム転換することである。ここでわたくしが「水平型」と称するのは、教師から学習者へという一方向のメッセージの伝達だけではなく、学習者相互、そして学習者から教師に向けて、さらに教材と学習者との間にもメッセージのやり取りがあるという授業を意味している。「垂直型」においては、教師は「教壇」という学習者よりも高い場所にあって、あたかも水が高い場所から低い場所へと流れるように、教師から学習者への一方向のメッセージの伝達が主流を占める。それに対して「水平型」では、教師と学習者と教材の間でインタラクティブ（双方向）な交流が行われる。このような授業形態において、教師は情報の発信者というよりは、むしろ様々な学習者からの情報を整理するコーディネーターとしての役割を担うことになる。

教室には四十人もの学習者がいる。この「教室」という場所の特性にも留意しなければならない。言うまでもなく、教室にいる学習者は実に多様で、一人ひとりが独自の個性を持っている。ところが「垂直型」の一斉授業では、学習者の状況は一人ひとりが異なるはずなのに、教師は三十人に一律に同じメッセージを送り続ける。

教室には自ずと彼らの「文化」が立ち現れる。教室の構成員は、それぞれが独自の内面を有する学習者である。そこに生成する「教室の文化」を有効に活用するような授業を展開したい。そのためには、単に教師から発信されるメッセージを受け止めるという受動的な「垂直型」の授業だけではなく、インタラクティブなメッセージのやり取りを目指す「水平型」の授業が必要になる。「水平型」授業の基本となるコンセプトは、この「インタラクティブ（双方向）」という要素にほかならない。授業の中で効果的なメッセージの交流を実現するとき、学習者は主体的に授業に参加しているという意識を持つことができる。そこから、学びに対する意欲も生まれてくる。これは「アクティブ・ラーニング」を実現する重要な基盤になるのではあるまいか。

ここで注意したいのは、「垂直型」の授業をすべて排除して「水平型」の授業のみを推奨するということではない。「垂直型」のみにとらわれることなく、効果的に「水平型」を取り入れて、学習者にとって楽しく、かつ国語科の学力育成に資する授業を展開することが重要である。

3 「教室の文化」の活用

「水平型」の授業は、一斉授業という形態にとらわれることはない。個々の学習者における学びとクラス単位の学びとの中間に、グループレベルの学びを位置付ける。すなわち、四人から五人程度のグループを編成して、そのグループ単位の学びを展開する場面を確保することになる。それによって学習者が授業に参加しているという意識は高まり、学習意欲を喚起することができる。

授業において、大きく三つの位相を意識した学びの形態を考えることにしたい。それは「個人レベル」「グループレベル」「クラスレベル」と称する位相である。以下、特に「読むこと」の領域に関わる授業に即して紹介する。まず「個人レベル」では、教材を個々の学習者が個人で読むことになる。特に「発見」と「問題意識」を大切にしつつ、個人の読みを整理する。そして「グループレベル」では、四、五人のグループを編成して、そのグループの中で様々な読みの交流をする。さらに「クラスレベル」では、クラス単位の一斉授業という形態において、教師の指導によってさらに読みを深めることになる。「クラスレベル」の学びでは、グループ学習の成果の発表とともに、教師からの専門的な読みの紹介なども含めることになる。この「個人」「グループ」「クラス」

の各レベルの学びを、導入・展開・総括のそれぞれの段階に効果的に組み込むことによって、「読むこと」の効果的な学びを展開してみたい。

まず「導入」段階は、教材を個々の学習者が読むところから出発する。語句や表現に留意しつつ、教材の文章を通読する。その結果、「分かったこと」を「発見」、「分からなかったこと」や「調べてみたいこと」を「問題意識」としてそれぞれ整理する。

「展開」は大きく前半と後半とに分けて、前半はグループ学習によって展開する。グループを編成して、グループごとに「発見」と「問題意識」を持ち寄って、意見交換をする。ある学習者の「発見」が、別の学習者の「問題意識」を解決へと導くこともある。他の学習者の考え方から相互に学び合う場所を授業の中に積極的に設けて、「教室の文化」を生かした効果的な授業を展開することは、授業開発のための一つの工夫である。特にグループレベルの学びにおいては、この「教室の文化」の機能を重視する必要がある。

文学教材を扱う場合には、たとえばグループに次のような研究テーマを割り当てるようにする。この方法は「こころ」(夏目漱石)などの長編小説の全文を読むという授業でも、取り入れることができる。

①物語(作品全体のストーリーを要約する)
②人物(主な登場人物の特徴を整理する)
③事件(主な事件を因果関係に注意して整理する)
④背景(背景となった時間的・空間的特徴を整理する)
⑤構成(全体の構成を整理する)
⑥主題(主題について様々な観点から検討する)
⑦表現(表現上の特色を整理する)
⑧評価(作品がどのように読まれているかを整理する)
⑨作者(作者について研究し作風等を紹介する)

「展開」の後半は、「クラスレベル」の学びとする。すなわち、各グループの発表をクラス全体で聞くことによって、より多様な考え方を学ぶことができる。研究テーマをグループで分担した場合は、発表を通してそれぞれのテーマについての理解が深化する。

その成果を受けて、「総括」の段階で教師によるまとめを実施することになる。この段階では、教材に対する理解を感想文や意見文の形式でまとめたり、発展的な読書を促したりする発展的な学びも含めることにする。それらはすべて最終的に個人へとフィードバックされる。

以上のような「個人」「グループ」「クラス」それぞれのレベルにおける「読むこと」の学びを効果的に展開するために、わたくしは「研究の手引き」「研究資料」「授業レポート」と称するプリントを毎時間準備して、すべての学習者に届けることにしている。まず個々の授業の目標や内容を「研究の手引き」と称するレジュメに要約して、学習者が記入する「授業レポート」とともに配布する。学習者は「研究の手引き」における目標や学習内容を確認しながら、自分で考えたこと、および授業中に話題になったことなどを「授業レポート」にまとめることになる。「授業レポート」は毎時間提出させ、教師が内容を点検してから返却をする。学習者はそれをファイルにストックして、ポートフォリオ評価に活用する。特にグループ学習の場面では、「研究の手引き」によって、各グループでどのような活動を展開するのかを、きめ細かく指示するようにしたい。

「研究の手引き」に即して授業が展開され、学習者は「授業レポート」に考えをまとめる。その「授業レポート」には、「個人レベル」および「グループレベル」「クラスレベル」の欄をそれぞれ設けることにする。「個人レベル」の欄には、授業において提起された様々な課題について、自身で感じたことや考えたことをまとめる。これに対して「グループレベル」や「クラスレベル」の欄では、グループやクラスの他の人が発言した内容や、教師が説明したことなどをメモすることになる。たとえばこのようなプリントを活用して、効果的な「読むこと」の授業が展開できるように配慮したい。それは「アクティブ・ラーニング」の学びにつながるはずである。

4　「アクティブ・ラーニング」のための教材開発

これまで「アクティブ・ラーニング」に関わる授業開発について論述してきたが、授業開発の前提として教材開発がある。特に学習者の興味・関心を十分に喚起できるような教材の開発が求められている。

国語科の授業において、教材は学びの入り口になる。教材に接した瞬間、学習者がまず「面白い」という印象を抱くようにしなければならない。教材から学習者の意識が離れてしまうと、いくら指導を工夫しても効果的な授業が成立しない場合がある。学習者にとって魅力ある教材を開発することは、価値ある授業の成立に直結する。

新たな教材を開発するためには、教師自身が幅広く多様な分野の素材に関心を持つように心がける必要がある。日ごろから視野を広く、そして情報を仕入れるアンテナを高くして、魅力的な教材になり得るような素材を発掘しなければならない。特に学習者が関心を寄せる分野に対しては、日ごろから意識的にアプローチを試みるようにしたい。

素材が教材となるためには、当然のことながらそれを用いた国語科の授業が成立しなければならない。すなわち、その素材を使用した国語科の学習活動が成り立つこと、さらに国語科の学力育成につながることが、教材開発の必要条件となる。いくら魅力的な素材を発掘しても、その扱い方が見えない限りは教材にはなり得ない。素材を発掘したら、直ちにその教材化を試みる必要がある。教材化を経て初めて、素材は教材として生まれ変わることになる。

拙著『「サブカル×国語」で読解力を育む』(二〇一五年、岩波書店)その他で紹介したように、わたくしが中学校・高等学校の教育現場を対象として実施したアンケート調査の結果や、直接学習者と接して得た情報によれば、彼らの多くがマンガ、アニメーション、音楽、映像、インターネット、ゲーム、お笑い、ＳＮＳなどのサブカルチャーに対して強い関心を抱いていることが明らかになった。そこで彼らが関心を寄せるサブカルチャーに広く目を向けて、国語科の教材として扱うという試みを続けてきた。ただしそれらは学校の価値観からすれば、授業には馴染みにくい面もある。しかしながら、学習者の現実と向き合ったとき、ぜひ取り上げたい素材でもあった。「楽しく、力のつく」という文脈へと位置付ける努力を続けてきたことになる。

わたくしはこれまで、サブカルチャー教材を、国語科の教材として成立するぎりぎりの「境界線上」に位置付けることを提案し、授業での実践による検証を続けてきた。それらの「境界線上の教材」は、いま改めて「アクティブ・ラーニング」の実現へとつながる教材として定位することができるのではあるまいか。学習者の主体的・協働的な学びのために、何よりも彼らの興味・関心を強く喚起しつつ、国語科の学力育成にも資することが、教材開発の重要な条件となる。

5 「アクティブ・ティーチング」の必要性

わたくしはこれまで、「教室の文化」を活用した「水平型」の学びに言及してきた。それは「アクティブ・ラーニング」、すなわちすでに引用した文部科学大臣の諮問文に示された「課題の発見と解決に向けて主体的・協働的に学ぶ学習」を実現するために、特に重要と受け止めているからである。ただし効果的な「アクティブ・ラーニング」を実践するためには、当然のことながら教師の力量が問われることになる。わたくしは多くの授業に参加する機会を設けているが、あるとき公開授業のすべてがグループでの学習に充てられた授業に参加した。研究協議の際に指導者を含めた数名の参加者は、学習者が主体的・協働的に学習をしたとコメントしていたが、わたくしはその評価がよく理解できなかった。資料として配布された学習指導案にはいろいろと記載されてはいたものの、実際の授業では教師の「教え」を少しも実感することができなかったからである。

「アクティブ・ラーニング」は「ラーニング」すなわち「学び」に関わる用語であることから、ともすると指導者の「教え」の要素が抜け落ちてしまうという危惧がある。かつて大村はま・苅谷剛彦・苅谷夏子による『教えることの復権』(二〇〇三年、筑摩書房)が話題になったが、いままさにこの書名の「教えることの復権」が見直されるべき時期になった。「アクティブ・ラーニング」の前提として、「アクティブ・ティーチング」とも称すべき「教え」を忘れてはならないように思われる。

冒頭で紹介した石原千秋教授の比喩を再度引用するなら、いま日本の教育界は「アクティブ・ラーニングという妖怪が跋扈」している状況にある。様々な言説が溢れているものの、「妖怪」であるからこそ、なかなかその実像が見えにくくなっている。本稿では新奇な用語として捉えるのではなく、すでに主張され実践されてきた考え方を、わたくしなりに確認してきた。そのうえで、「アクティブ・ラーニング」の効果的な展開のために、「アクティブ・ティーチング」とも称すべき指導者のあり方が問われていることを主張したつもりである。ようやく「PISA型読解力」という用語から解放されつつあるいま、「アクティブ・ラーニング」からもそろそろ自由になってもよいような気がしてならない。

4　コンピテンシー・ベースという縄をほどく

子安　潤（愛知教育大学）

1　はじめに

中教審の方針に振り回されるだけの教育や教育研究ほど寂しいものはない。かつて「生きる力」論は、「強い個人」という孤立的人間像に基づく競争的個性化教育論であった。今は、協力・協働あるいは対話・コミュニケーションが強調される「二一世紀型スキル」に代表される人間像へとシフトしている。二つの人間像はかなり異なるが、健忘気味の諸氏の一群は気にせず「生きる力」という同じ言葉で違うことを言って歩き、別の一群は恥じることなく流行の別の言葉に乗り換えて、内面も行動も統制された産業主義的人間像の教育を語る。

教育の事実を中心において実践と研究を進めようとするならば、これまでの知見から今の動向を批判的にまなざすと同時に、これまでの知見の次の課題を展望することでなければならないだろう。本稿は、そうした考え方に立って、次に打ち出されてくるコンピテンシー・ベースという教育の考え方と、アクティブ・ラーニング（以下ALと略す）という方法的観点についてその特徴と問題点を明らかにする。最後に、国語教育における対抗戦略について論及する。

2　コンピテンシー・ベースへ

次期学習指導要領に関する論議を進めている中教審は、本書が刊行される頃には「審議のまとめ案」を公表しているだろう。その考え方の基本は、すでに議事録や配付資料から基本的特徴が見えてきている。

特質の第一は、現代社会の要請だとしてコンテンツ・ベースの教育からコンピテンシー・ベースの教育に変えることにある。第二は、コンピテンシー（能力）を形成する際に、子どもの学習活動をALにすると述べている点にある。第三には、上記二つの特質の裏返しとして、教科の新設はあるが、多くの教科で内容そのものの改変が話題とならないことである。この論文では、第一と第二の特質を中教審の資料で確認し、第三の点を問題化する議論をしたい。

教育課程企画特別部会の「論点整理」は、「これまでの学習指導要領は、知識や技能の内容に沿って教科等ごとには体系化されているが、今後はさらに、教育課程全体で子供にどういった力を育むのかという観点から、教科等を越えた視点を持ちつつ、それぞれの教科等を学ぶことによってどういった力が身に付き、それが教育課程全体の中でどのような意義を持つのかを整理し、教育課程の全体構造を明らかにしていくことが重要となってくる」と能力形成の観点から教育を見直すという。[1]

知識や技能の内容で教育課程を考える（こちらをコンテンツ・ベースと呼ぶ）よりも、子どもに育てる能力の観点から教育課程や教育活動を構想する考え方をコンピテンシー・ベースと呼び、後者へシフトすると宣言しているわけである。

その際に形成する能力を三つの枠組に分類している。[2]

① 「何を理解しているか なにができるか」（知識・技能）

② 「理解していること・できることをどう使うか」（思考力・判断力・表現力等）

③ 「どのように社会・世界と関わり、よりよい人生を送るか」（学びに向かう人間性等）

一応、個別の知識や技能も位置を与えられているが、能力内部の話しであり、客観的な知識のことではない。中心はその知識をどの程度使えるように習得しているかにおかれている。知識の記憶量と正確さばかりを問題にするのではなく、習得のされ方を問題化している点にポイントがある。一見よさそうだが、ここにはいくつかの問題がある。問題点は、度々持ち出されるようになったALと関わりが深いので、その位置付けから見ていこう。

子どもに能力を形成していく上で重要となるのが学び

の質と深まりだとしてＡＬという言葉が持ち出される。もともと高等教育における説明を聞く以外の学習活動を指す言葉として使用されたＡＬを持ち出して、「『深い学び』『対話的な学び』『主体的な学び』の三つの視点に立って学び全体を改善していくこと」[3]を打ち出した。

ＡＬがキー・ワードと知られるようになってすぐに中教審も危惧を表明しはじめた。特定の学習方式や学習の型を取り入れていれば、ＡＬとみなす動向が一部に広っていると批判をはじめた。これに対して、「三つの視点のうち、『対話的な学び』及び『主体的な学び』が注目され、『深い学び』の視点に基づく改善が図られていないとの指摘もある。『対話的な学び』や『主体的な学び』はその趣旨が教科共通で理解できる視点であるのに対して、『深い学び』の在り方は各教科等の特質に応じて示される必要」があると言い出した[4]。

ディープ・アクティブ・ラーニング（ＤＡＬと略す）と呼ぶようになっている。これで解決できるのだろうか。

3　問題としてのコンピテンシー・ベース

なぜコンピテンシー・ベースに転換させたいのかというと、知識を覚えさせるだけで、思考力の形成につながっていないと、全国学テなどを持ち込んだ責任を棚上げにして、教育活動への批判だけをする人もいる。だが、根源的には期待される人間像の社会的な変化がある。すなわちグローバル化の中で、多様な文化性を持った人々が交流する世界で創造的に働ける人材を期待しているからである。

そこにこそコンピテンシー・ベースの問題がある。この方針の問題点の第一は、期待される能力が偏っていることである。「二一世紀型スキル」も「二一世紀型能力」もどれも期待される能力は、情報言語系科目と理数系科目の比重が高い。次期学習指導要領構想にもそのことは現れている。小学校英語の創設はその典型例である。こうした偏りは、人の全体的発達や共通教養という点で、また産業の必要からばかり教育の内容や方法を考える狭さの点で問題を抱えている。

第二は、特定の能力を形成する便利な方法というのは存在しないのだが、特定の教育活動と能力形成を一対一対応で考える見方を生むことである。そのことは、結果の比較的わかりやすい知識の習得とは違って、はっきりと断定することが困難な能力形成に対して、特定の教育活動を採用しているかどうかで教育を短絡的に評価してしまう誤りを生み出す。

第三には、教科内容と能力形成の関連が切り離されていることである。能力というのは、概念上、一つの事柄に発揮されるのではなく、一定の範囲内で汎用性があると考えられている。しかし、具体的知識や状況認識がなければ、能力が発揮されることはない。能力はいつでも一定の知と結び合って発揮される。だから、その汎用性は、知の汎用性に強く依存する。深く学ぶかどうかとは別に、そもそも汎用性が高い知識かどうかに依存しているのである。だから、狭い範囲のことにしかあてはまらない知識であれば、いかに学ぼうと能力として適用範囲が拡大することはない。その意味では、客観的な知識そのものが汎用性のある中身であるかどうかの問題が重要なのである。この点で、中教審は学ばれ方ばかりを問題にする。だが、知そのものの真理性・客観性が土台をなしていることに注目すべきなのである。ここで知識の汎用性とは、整数より有理数の世界の方が広い適用範囲を持つといったことを指す。

能力が形成されたかどうかの判断は、簡単ではない。そのために、コンピテンシー・ベースの教育論は、能力構造に対応させて教育活動を計画するというが、確たる根拠のない机上の空論となる危険をいつでも持っている。中教審の各教科等のワーキング・グループはそれぞれ能力構造のモデルと称する図を作成しているが、従来の用語を能力に置き換えて図式化したに過ぎない。

また、教科内容を脇において授業のプランをつくることはできない。だから、教科内容をベースから外すことなく、教育を計画していかなければならない。「教科の本質」や「教科固有の知識」を中教審も意識していると言うが、その場合は機械的暗記状態なのか応用可能性をもって獲得されているかという主体内の知識の状態を指しているだけである。そこには、そもそも内容そのものが間違っているのではないか、別の文化世界があるのではないか、と捉えるまなざしが欠けている。

教科の文化性や真理性そのものを問い直すまなざしとともにのみ、子どもたちの力を育てることができる。

4 アクティブ・ラーニング批判

前述したようにコンピテンシー・ベースの教育は、ALとセットになっている。すでにALの事例集が散乱しはじめ、活動的に見える手法・型が紹介されている。中教審の危惧にもかかわらず、型だけが一人歩きする可能性は今後も高い。

というのは、中教審自身がALを「学修者の能動的な学修への参加」と定義するにもかかわらず、「発見学習、問題解決学習、体験学習、調査学習等が含まれるが、教室内でのグループ・ディスカッション、ディベート、グループ・ワーク等も有効なアクティブ・ラーニングの方法である」と形で説明してきたからである。(5)

精神的・心理的な意味で「能動的」と言いながら、続く言葉では外に向けて発信・表現する形であればALとしているからである。このために一つ目の問題点が現れる。すなわち、特定の型や特定の活動の形でALかどうかが形式的に定められてしまう。一斉に同じ手法を強いる学校文化が支配している地域ほど、特定の型を実施していればよいという反応を呼び起こす。しかし、活動の型や形では、本当にアクティブかどうかは定まらない。

二つ目の問題は、学びの貧弱化を呼び起こす。学びには身体的・外形的にアクティブな活動もあるが、他方に沈思黙考など多様な形態がある。その意義を検討することなく、外形だけでALを多用することになれば学びは逆に貧弱となる。さらに学びの型・形態は一定の文化性をもっており、現在のプレゼントークが営業マン文化であるように活動自体によって形成してしまう文化性や思想があり、活動の種類によっては問題を孕む。

三つ目が最大の問題だが、ALが内容のない学習となる危険を強く持つことである。例示された手法が採用され、学習者の内的意識において闊達であったとしても、教科の文化的水準において低い場合や、真理性を伴わない場合の危険性である。中身のない、形式だけ整ったディベートを想定するとよい。

中教審もこうした批判を意識して「ディープ・アクティブ・ラーニング」などと言いだし、各教科の本質である見方や考え方と対応させるように言っている。だが、先述したように、それは能力内部の話しであって、教科内容・教材の定型的把握を強要する学習指導要領の枠組の下では、内容そのものの文化性や真理性は問われず、形式主義化は避けられない。

以上の三つがＡＬの基本問題である。したがって、教科内容そのものの研究と切り離すことなく、ＡＬかどうかを指標とすることなく、真性の学びを創る観点から学習活動を構想することがこれからも基本となる。

5　読み研にとってのＡＬ

中教審の危惧が現実となる可能性は、残念ながら高い。教科内容研究への教師の権限と時間が保障されない仕組みが学校を覆っているからである。内容そのものの研究と教材選択の自由のないところでのＤＡＬには限界があるからである。そのために内容の薄い授業が大量に生まれることになる。これを避け、逆にＡＬの動向を逆手にとって国語の授業を前に進めるという点で、一つの可能性を提示してみたい。

それは、二一世紀に生まれた授業から教訓を汲み取ることである。

読み研をはじめ国語の教育関係団体の多くは、文学作品であれ説明的文章であれ、「読み」に比重が置かれていた。「読み」を言語的解釈として意見交換する授業が支配的であった。

これに対して「言語力重視」のスローガンの下での国語の授業動向は、文章を丹念に吟味するよりは多読に流れるなど軽薄短小の誹りを免れない側面を一部にもった。そのために言葉の細部を丹念に読むことが軽視されることになった。これは、読みの力をつける上でマイナスの影響であった。

他方で、この時期に注目された実践の中には、言語力重視の取り組みと関係なく、テキストの読み替えや創造を子どもと進める活動を通じて内容の理解を深めるものがあった。テキストを「読む」活動の多様化が、外見ではなくて、読みを広げる役割を果たす試みが一部に生まれた。そこでは、テキストの中に唯一の物語を正確に読み取るのではなく、複数の物語を読むことが可能であることや、作品によってはテキストそれ自体の批判を実践として呼び込むものがあった(6)。あるいは作品の結末を書き換える実践の一部には、読みの言語的解釈についての意見交換を越えるものが生まれていた。

これらの実践に学べば、別の読みを浮上させる可能性のある学習活動と、単なるＡＬとを区別できることになる。すなわちALを選別するのである。その観点は、教科内容との関連において選択されているか、批判的な読みを広げる学習活動かどうかという二点に求められる。

かつて「読み」が「読み」のセオリーに拘束されて唯一の正解を引き出す授業であったものから、批判的学び方学習を通過して、テキスト批評に道が開かれたように、例えば複数の読みを生み出す学習活動の創造としてALを位置付け直してみてはどうかと考える。

6　表現の意味を討論する

もう少し具体的な取り組みイメージを提出してみたい。今、研究すべき読みとして、「表現の意味を討論する」という着想が私の中にある。これは、表現から人物形象を読むのではなく、また作品の主題を読むのとも違った課題の設定である。表現の意味や可能性について検討したいと考えている。より正確に言うと、主題を読むことと重なる場合もあるが、それに限られない。あるいは人物形象を読むことに限られないものである。

着想のきっかけは、以前に星新一のショートショートを教材とした寓意の意見交換を行う現職院生の授業記録を読んだことである。作品を単一の寓意に納める必要などないことに気づかされるきっかけとなった。

さらに最近、古事記・日本書紀あるいは風土記に収められた同系統の物語に、支配する国家の側と地方民の側から描かれたものと複数あることを知った。[7] 大筋において似たヤマトタケルの物語だが、描き方によって征服者の物語もあれば、それとは違った若者像を描いているものとがあるという。あるいは、物語の寓意が多様に読みとれる作品もあるという。

そうだとすれば、物語の細部の視点の違いで寓意や主題が異なるということであり、そうした作品の比較が読みを豊かにすると考えられる。あるいは視点を変えた作品の書き換えは、異なる物語の創作につながることも考えられることに思い至った。

もう一つは、表現の意味を問う実践に出会ったことである。それは高橋智佳子の実践において、「オツベルと象」の終わりの部分で牛飼いが淡々と「『ああ、ありがとう。ほんとにぼくは助かったよ』。白象は寂しく笑ってそう言った」の読みをめぐる授業実践である。[8] この部分で「このような結末がおとずれたのはなぜか？」という課題で討論をしている。中学生たちは、オツベルが原因で生まれた結末であることを指摘した後に、オツベルも白象も望まない結末がやってきたことを浮上させている。ここには、テキスト表現の意味を批評する読みが課題化されている。白象は最初からオツベルのずるがしこさを知っていてオツベルを試したが、オツベルが変わらなかったことを寂しく思っているのではないか、といった読みを生みだしている。こうしたレベルの読みを探求することの方が、読みの力を育てているのではないか。国語教育研究者ではない私には、先行研究のどこに位置付くのか確定できないが、読みを深める試みをＡＬかどうかで考えるのではなく、読みの教育を探求することの方が教育を実り多いものにするであろう。

ともかく、表現の意味や寓意を検討する試みを教室にいかにつくりだすかと考えていく方がよくはないか。そこに、文学を読む文化の意味そのものがある。教科書教材の定型的解釈が広がる可能性が高い時代にあって、読みを深める試みを創造していくことを目指すべきではないだろうか。それらの一つひとつが、国家主義の教育や道徳主義の縄をほどく意味をもっているにちがいないのである。

注

（1）http://www.mext.go.jp/component/b_menu/shingi/toushin/__icsFiles/afieldfile/2015/12/11/1361110.pdf

（2）http://www.mext.go.jp/b_menu/shingi/chukyo/chukyo3/053/siryo/__icsFiles/afieldfile/2016/07/08/1373901_1.pdf

（3）http://www.mext.go.jp/b_menu/shingi/chukyo/chukyo3/061/siryo/__icsFiles/afieldfile/2016/06/02/1371489_1_1.pdf

（4）http://www.mext.go.jp/b_menu/shingi/chukyo/chukyo3/061/siryo/__icsFiles/afieldfile/2016/03/22/1368746_1_1.pdf

（5）http://www.mext.go.jp/component/b_menu/shingi/toushin/__icsFiles/afieldfile/2015/09/24/1361110_2_5.pdf

（6）近藤真『中学生のことばの授業』二〇一〇年、太郎次郎社エディタス、参照。

（7）三浦佑之『風土記の世界』岩波書店、二〇一六年、参照。

（8）高橋智佳子「伝え合いながら学びの道筋をつくり出す」『シリーズ教師の仕事4　学びに取り組む教師』二〇一六年、高文研、参照。

5　アクティブ・ラーニングを超える授業づくり
――「教科する」授業へ

石井　英真（京都大学）

1　アクティブ・ラーニングをどう受け止めるか

学習指導要領改訂の議論において、各教科の知識・技能のみならず、問題解決、論理的思考、コミュニケーション、粘り強さ、メタ認知といった、非認知的能力も含む教科横断的な汎用的スキルを明確化し、その観点から各教科のあり方や内容の価値を見直すなど、「資質・能力」を意識的に育んでいくことが提起されている。内容ベースからコンピテンシー・ベースへのカリキュラム改革が進みつつあるのである。それに伴い、「何を教えるか」だけでなく「どのように学ぶか」（学習のプロセス）も重視されるようになり、アクティブ・ラーニング（Active Learning: AL）の必要性が提起されている。

これまでの教科学習でも、知識の習得だけがめざされてきたわけではないし、一方的で画一的な一斉授業を超える試みも少なからずなされてきた。特に小学校においては、創造的な一斉授業（クラス全体での意見交流に止まらず、教師の発問によって触発されたりゆさぶられたりしながら、子どもたちが互いの考えをつなぎ、一人では到達しえない高みへと思考を深めていく「練り上げ型授業」）を通じて、主体的・協働的かつ豊かに内容を学び深め、「わかる」ことを保障し、それにより「生きて働く学力」を育てる授業が理想とされ、追求されてきた。

資質・能力の育成やALに向かう前に、こうした日本の「わかる」授業、練り上げ型授業の蓄積を継承発展させていくことが必要である。一方で、こうした日本の伝統的な理想の授業像は、社会の変化、それに伴う学校に期待される役割や子どもたちの生活感覚・学び感覚の変化の中でゆらいでいる。資質・能力やＡＬといった改革のキーワードは、日本の伝統的な授業像への問題提起や一種の「ゆさぶり」と受け止めることもできる。

本稿では、「（新たに実施が求められている授業方式としての）ＡＬをどう実践するか」という議論を超えて、その背後にある問題提起を受け止めた上で、日本の良質の伝統的な授業のエッセンスをどう継承し、授業像の再構築をどう図っていけばよいのかについて述べる。そして、「教科する」授業というヴィジョンを提起したい。

2　資質・能力の三つの柱とＡＬの三つの視点

次期学習指導要領に向けた議論において、どのような形で資質・能力の育成やＡＬに向けた授業改革のあり方が提起されてきているのかをまとめておこう。

中教審の教育課程企画特別部会が二〇一五年八月に出した「論点整理」は、育成すべき資質・能力を三つの柱（「何を知っているか、何ができるか（個別の知識・技能）」「知っていること・できることをどう使うか（思考力・判断力・表現力等）」「どのように社会・世界と関わり、よりよい人生を送るか（主体性・多様性・協働性、学びに向かう力、人間性等）」）で整理することを提起している。

また、ＡＬについては、特定の型を普及させるものではなく、現在の授業や学びのあり方を、子どもたちの学習への積極的関与や深い理解を実現するものへと改善していくための視点として理解すべきとし、①「習得・活用・探究という学習プロセスのなかで、問題発見・解決を念頭に置いた深い学びの過程が実現できているかどうか」、②「他者との協働や外界との相互作用を通じて、自らの考えを広げ深める、対話的な学びの過程が実現できているかどうか」、③「子供たちが見通しを持って粘り強く取り組み、自らが学習活動を振り返って次につなげる、主体的な学びの過程が実現できているかどうか」という授業改善の三つの視点を挙げている（下線部は筆者）。

資質・能力の三つの柱とＡＬの三つの視点の意味は、教科の学力の質の三層構造と、学習活動の三軸構造をふまえて考えるとより明確になる。ある教科内容に関する学力の質的レベルは、下記の三層で捉えられる。個別の知識・技能の習得状況を問う「知っている・できる」レベルの課題（例：その代名詞がだれを指しているかを答

表1　教科の学力・学習の三層構造と資質・能力の要素（石井英真『今求められる学力と学びとは』日本標準、2015年から一部抜粋。）

		資質・能力の要素（目標の柱）			
学力・学習活動の階層レベル（カリキュラムの構造）		知識	スキル		情意（関心・意欲・態度・人格特性）
			認知的スキル	社会的スキル	
教科の枠づけの中での学習	知識の獲得と定着（知っている・できる）	事実的知識、技能（個別的スキル）	記憶と再生、機械的実行と自動化	学び合い、知識の共同構築	達成による自己効力感
	知識の意味理解と洗練（わかる）	概念的知識、方略（複合的プロセス）	解釈、関連付け、構造化、比較・分類、帰納的・演繹的推論		内容の価値に即した内発的動機、教科への関心・意欲
	知識の有意味な使用と創造（使える）	見方・考え方（原理、方法論）を軸とした領域固有の知識の複合体	知的問題解決、意思決定、仮説的推論を含む証明・実験・調査、知やモノの創発、美的表現（批判的思考や創造的思考が関わる）	プロジェクトベースの対話（コミュニケーション）と協働	活動の社会的レリバンスに即した内発的動機、教科観・教科学習観（知的性向・態度・思考の習慣）

える）が解けるからといって、概念の意味理解を問う「わかる」レベルの課題（例：登場人物の心情をテクストの記述から想像する）が解けるとは限らない。さらに、「わかる」レベルの課題が解けるからといって、実生活・実社会の文脈における知識・技能の総合的な活用力を問う「使える」レベルの課題（例：自分の好きな物語の魅力を図書館の利用者に伝えるために紹介文を書く）が解けるとは限らない。そして、社会の変化の中で学校教育に求められるようになってきているのは、「使える」レベルの学力の育成と「真正の学習（authentic learning）」（学校外や将来の生活で遭遇する本物の、あるいは本物のエッセンスを保持した活動）の保障なのである。

　学力の質的レベルの違いに関わらず、学習活動は何らかの形で対象世界・他者・自己の三つの軸での対話を含む。そして、そうした対話を繰り返す結果、何らかの認識内容（知識）、認識方法（スキル）が形成され身についていく。スキルは、対話の三つの軸（大きくは対象世界との認知的対話、他者・自己との社会的対話）に即して構造化できる。さらに、学習が行われている共同体の規範や文化に規定される形で、何らかの情意面での影響も受ける。学力の階層ごとに、主に関連する知識、スキル、情意（資質・能力の要素）の例を示したのが表1である。

　資質・能力の三つの柱は、学校教育法が定める学力の三要素それぞれについて、「使える」レベルのものへとバージョンアップを図るものとして、ALの三つの視点は、学習活動の三軸構造に対応するもの（対象世界とのより深い学び、他者とのより対話的な学び、自己を見つめるより主体的な学び）として捉えることができよう。

3　資質・能力の育成とＡＬが提起していること

資質・能力の重視は、汎用的スキルを直接的に指導し評価することと捉えられがちであり、また、資質・能力の一部として非認知的能力が強調される中、ＡＬについても、主体的・協働的であることのみを追求する傾向がみられる。教科内容の学び深めにつながらない、態度主義や活動主義に陥ることが危惧されるのである。

しかし、そもそも資質・能力重視の背景にある、「コンピテンシー」概念は、職業上の実力や人生における成功を予測する能力を明らかにするものである。コンピテンシー・ベースのカリキュラムをめざすということは、社会が求める「実力」との関係で、学校で育てるべき「学力」の中身を問い直すことを意味するのであって、汎用的スキルの指導と必ずしもイコールではない。むしろ、「社会に開かれた教育課程」というキーワードに注目し、子どもたちがよりよく生きていくことにどうつながるかという観点から、各教科の内容や活動のあり方を問い直していくことが大切だろう。

また、ＡＬのような学習者主体の授業の重視も、伝達されるべき絶対的真理としての知識ではなく、主体間の対話を通して構成・共有されるものとしての知識という、知識観・学習観の転換が背景にあるのであって、対象世界との認知的学びと無関係な主体的・協働的な学びを強調するものではそもそもない。ＡＬが学びの質や深まりを実践において追求し続けるための視点として提起されていることを再確認し、子どもたちが教材と深く対話し、教科の世界にのめり込んでいく（没入していく）ような学びが実現できているかを第一に吟味すべきだろう。

こうした「子どもたちがよりよく生きていくことにつながる学びになっているか」「子どもたちが教材と深く対話する学びになっているか」といった問いかけは、冒頭に述べた日本の良質の伝統的な授業が正面から受け止めるべき問題提起と捉えることができる。

4　「わかる」授業の問い直しと学力の三層構造の意識化

従来の日本の教科学習で考える力の育成という場合、

基本的な概念を発見的に豊かに学ばせ、そのプロセスで、知識の意味理解を促す「わかる」レベルの思考（解釈、関連付けなど）も育てるというものであった（問題解決型授業）。ここで、ブルーム（B. S. Bloom）の目標分類学において、問題解決という場合に、「適用（application）」（特定の解法を適用すればうまく解決できる課題）と「総合（synthesis）」（論文を書いたり、企画書をまとめたりと、これを使えばうまくいくという明確な解法のない課題に対して、手持ちの知識・技能を総動員して取り組まねばならない課題）の二つのレベルに分けられていることが示唆的である。「わかる」授業を大切にする従来の日本で応用問題という場合は「適用」問題が主流だったといえる。しかし、よりよく生きることにつながる「使える」レベルの学力を育てるには、折に触れて、「総合」問題に取り組ませることが必要である。

多くの場合、単元や授業の導入部分で生活場面が用いられても、そこからひとたび科学的概念への抽象化（「わたり」）がなされたら、あとは抽象的な教科の世界の中だけで学習が進みがちで、もとの生活場面に「もどる」ことはまれである。さらに、単元や授業の終末部分では、問題演習など機械的で無味乾燥な学習が展開されがちである（「尻すぼみの構造」）。すると、単元の導入で豊かな学びが展開されても、結局は問題が機械的に解けることが大事なのだと学習者は捉えるようになる。

これに対し、よりリアルで複合的な生活に概念を埋め戻す「総合」問題を単元に盛りこむことは、「末広がりの構造」へと単元構成を組み替えることを意味する。学習の集大成として単元末や学期の節目に「使える」レベルの課題を設定する。そして、それに学習者が独力でうまく取り組めるために何を学習しなければならないかを教師も子どもも意識しながら、日々の授業では、むしろシンプルな課題を豊かに深く追求する「わかる」授業を組織する。こうして「もどり」の機会があることによって、概念として学ばれた科学的知識は、現実を読み解く眼鏡（ものの見方・考え方）として学び直されるのである。

国語科であれば、ＰＩＳＡが提起したように、「テクストを目的として読む」のみならず、「テクストを手段として考える」活動（例：複数の意見文を読み比べてそれに対する自分の主張をまとめる）を保障することで、学校外や未来の言語活動を豊かにする学びとなっていくのである。一方で、社会と結びつけることを実用主義とイコールととらえてしまうと、よいプレゼンの仕方について議論するといった職業準備的な国語教育に陥りかねない。四技能を総合するような活動（「使える」レベル）は、それに取り組むことでテクストのより深い読み（「わかる」レベル）が促されるような、ことばに関わる文化的な活動であることを忘れてはならない。「使える」レベルのみを重視するということではなく、これまで「わかる」までの二層に視野が限定されがちであった教科の学力観を、三層で考えるよう拡張することが重要なのであり、「使える」レベルの思考の機会を盛り込むことで、さらに豊かな「わかる」授業が展開されることが重要なのである。

5　練り上げ型授業の問い直しと知識構築学習

「子どもたちが教材と深く対話する学びになっているか」という点について、練り上げ型の創造的な一斉授業は課題を抱えている。もともと練り上げ型授業は、一部の子どもたちの意見で進む授業となりがちである。かつては教師のアート（卓越した指導技術）と強いつながりのある学級集団により、クラス全体で考えているという意識をもって、発言のない子どもたちも少なからず議論に関与し内面において思考が成立していた。しかし、近年、練り上げ型授業を支えてきた土台が崩れてきている。

教員の世代交代が進む中、知や技の伝承が難しくなっている。また、価値観やライフスタイルの多様化、SNSをはじめ、メディア革命に伴うコミュニケーション環境の変化によって、子どもたちの思考や集中のスパンは短くなっているし、コミュニケーションやつながりも局所化・ソフト化してきており、強いつながりで結ばれた学級集団を創るのが困難になってきている。クラス全体の凝集性を求める強い集団よりも、気の合う者同士の小さいグループの方が居心地がいいし、強いつながりの中で堅い議論をこってりとするのではなく、ゆるい関係性で行われるカフェ的な対話の方が居場所感や学んだ感をもてる。そうした「弱いつながり」をベースにしたコミュニティ感覚を子どもたちは持っており、学習者主体の授業が強調される本質的背景はそこにある。教師のアート（直接的な指導性）から、学習のシステムやしかけのデザイン（間接的な指導性）へ、そして、クラス全体での練り上げから、グループ単位でなされる創発的なコミュニケーションへと、授業づくりの力点を相対的にシフトしていく必要性が高まっているのである。

こうして学習者主体の創発的コミュニケーションを重視していくことは、日々の授業での学びを知識発見学習から知識構築学習へと転換していくことにつながる。練り上げ型授業は、教師に導かれながら正解に収束していく知識発見学習になりがちであった。だが、現代社会においては、「正解のない問題」に対して最適解を創る力を育てることが課題となっており、そうした力は実際にそれを他者と創る経験（知識構築学習）なしには育たない。ゆえに、知識構築学習をめざす上では、知識や最適解を構築するプロセスとしての議論や実験や調査を学習者自身が遂行していく力を育成する視点や、そのプロセス自体の質や本質性を問う視点が重要となる。

多くの授業において「発見」は、教師が教材研究で解釈した結果（教師の想定する考えや正解）を子どもに探らせるということになりがちであった。しかし、深い学びが成立するとき、子どもたちは教師ではなく対象世界の方を向いて対話しているはずである。国語の読解で言えば、子どもがまず自分でテクストを読み、ある解釈を持つ。そして、集団での練り上げで、他の子どもたちの解釈を聞く。そうして学んだ解釈をふまえて、もう一度テクストに戻って読み直してみると、最初に読んだ時とは見え方が変わるだろう。しかも、テクストと直に対話することで、ただ他者から学んだ見方をなぞるだけでなく、多かれ少なかれ、その子なりの新しい発見や解釈が生まれうるのである。これが、子どもと対象世界が対話するということであり、学びが深まる（わかったつもりでいた物事が違って見えてくる）ということである。

知識発見学習では、授業内で一定の結論に至らせることにこだわり一般化を急ぐあまり、書いてきっちりまとめたものを発表し合って、それを教師がまとめる展開になりがちであった。これに対して、知識構築学習では、グループでの子ども同士のコミュニケーションをより大切にしつつ、そこで何か一つの結論を出すことを急がず、インフォーマルな雰囲気の下での対話とアイデアの創発を促すことが重要となる。たとえば、考えること、書くこと、話すことの三つを分断せず、各自考えながら、話し合って、そこで出た意見や思いついたことをそのままメモ的にホワイトボードやタブレットに書き込んでいき、書いて可視化するからさらに触発されて話し言葉の対話や個々の思考が促進される、といった具合に。それは、話し合い活動も書き言葉的な「発表」をメインに遂行されてきた、書き言葉優勢の教室のコミュニケーションに対し、即興性や相互に触発し合う偶発性を特長とする話し言葉の意味を復権することといえる（ことばの革命）。

6 「教科する」授業というヴィジョン

　末広がりの単元構造や知識構築学習をめざすことは、子どもたちに委ねる学習活動の問いと答えの間を長くしていくことを志向していると同時に、それは教科の本質的かつ一番おいしい部分を子どもたちに保障していくことをめざした、教科学習本来の可能性の追求でもある。教科学習の本来的意味は、それを学ぶことで身の回りの世界の見え方や関わり方が変わることにある。「もどり」を意識することは、教科内容の眼鏡としての意味を顕在化することを意味する。学ぶ意義も感じられず、教科の本質的な楽しさにも触れられないまま、多くの子どもたちが、教科やその背後にある世界や文化や学問への興味を失い、学校学習に背を向けていっている。社会科嫌いが社会嫌いを、国語嫌いがことば嫌い、本嫌いを生み出している。「真正の学習」の追求は、目の前の子どもたちの有意義な学びへの要求に応えるものなのである。

　ただし、有意義な学びの重視は、教科における実用や応用の重視とイコールではない。教科の知識・技能が日常生活で役立っていることを実感させることのみならず、知的な発見や創造の面白さにふれさせることも学びの意義につながる。よって、教科における「真正の学習」の追求は、「教科の内容を学ぶ（learn about a subject）」授業と対比されるところの、「教科する（do a subject）」授業（知識・技能が実生活で生かされている場面や、その領域の専門家が知を探究する過程を追体験し、「教科の本質」をともに「深め合う」授業）を創造することと理解すべきだろう。多くの授業で教師が奪ってしまっている各教科の一番本質的かつおいしいプロセスを、子どもたちにゆだねていく。ここ一番のタイミングでポイントを絞って、グループ学習などを導入していくことで、ＡＬは、ただアクティブであることを超えて「教科する」授業となっていくのである。

『学習原論』（木下竹次著）（世界教育学選書64・中野光編）

田近洵一（東京学芸大学名誉教授）

「アクティブ・ラーニング」という用語は新しいが、それを志向した動きは、大正期以降、日本近代教育史の中軸をなすものだった。その中でも、特に注目すべきものに木下竹次の発言がある。当時、奈良女高師附小の教師だった木下は、大正一二（一九二三）年、『学習原論』を刊行した（これは、学習研究会の機関誌『学習研究』（大正一一年創刊）に連載した実践理論を中心にまとめたもの）。ここに、その発言の要点を記し、今日の新しい時代の指標となった「アクティブ・ラーニング」の教育的意義と問題点とを明らかにしておきたい。

本書の「自序」に於いて、木下竹次は、「学級的画一教育法」、あるいは教師主導の「他律的教育法」を排し、「自律的学習法」として、「独自学習から始めて相互学習に進み、さらにいっそう進んだ独自学習に帰入する組織方法」を提唱する。「自序」ではあるが、木下学習理論の帰するところは、ここで強調された「独自学習」と「相互学習」による「自律的学習法」にあると言っていいだろう。

木下は、「教育」という語ではなく、「児童の方から眺めた学習という名称を用いる」とし、その「学習」とは、「教師の教授」からではなく、児童自身の「独自学習から始める」とする。そして「独自学習は自主独立の学習であるが、学校の独自学習は学級内のひとりひとりの活動であるから、各学習者は十分に協同の精神を発揮しなくてはならぬ。」と言って、学級集団内の相互交流（学び合い学習）による個人の独自学習（一人学び）を充実させる学校という学習の場での学習活動の在り方を明確にしているのである。さらに、木下は、「自由と協同とが二大原則」であると言い、また「自主独立のない人の協同は外面協同に見えてその実は付和雷同である」とも言っている。アクティブ・ラーニングにおける「主体的・協働的に学ぶ」は、木下の発言とどう重なり、どう違うのか、特に昭和期の国語辞典に初めて立項されるようになった「協働」という新語によって示唆された学習活動はどのようなものか、これまで言われてきた「協同」「共同」とどう違うのか、今後の課題である。

付記　「アクティブ・ラーニング」を視野に入れた、新しい視点から編集された最新の文献としては、日本国語教育学会監修『単元を貫く学習課題と言語活動』（東洋館出版社）を挙げておきたい。

（明治図書、一九七二年、現在絶版）

V 「アクティブ・ラーニング」を考えるための読書案内——私が薦めるこの一冊

『国研ライブラリー　資質・能力［理論編］』（国立教育政策研究所 編）

折出健二（人間環境大学）

中央教育審議会教育課程特別部会は、次期学習指導要領改訂に関わる「論点整理」を公表し、「学習する子供の視点に立ち、教育課程全体や各教科等の学びを通じて『何ができるようになるのか』という観点から、育成すべき資質・能力を整理する必要がある」とした。さらに、『何を学ぶのか』という、必要な指導内容等を検討し、その内容を『どのように学ぶのか』という、子供たちの具体的な学びの姿」を明らかにする必要があるとして、「学び」で培う資質・能力としては、「知識に関するもの、スキルに関するもの、情意（人間性など）に関するものの三つ」に分類されるとまとめた。「どのように学ぶのか」の課題として「アクティブ・ラーニング」という実践課題が強調されたが、これは、「形式的に対話型を取り入れた授業や特定の指導の型を目指した技術の改善にとどまるものではなく、子供たちの質の高い深い学びを引き出すことを意図するものであり、さらに、それを通してどのような資質・能力を育むかという観点から、学習の在り方そのものの問い直しを目指すものである」という。

この論理構造では、（1）新「学力」観がさらに拡張され、（2）「授業」もほとんど使われず「学習プロセス」といった、個別の授業を超えた子どもの学習活動に主眼が置かれている。こうした「論点整理」の骨格が、国立教育政策研究所『資質・能力［理論編］』（東洋館出版社、二〇一六年一月刊）で体系的に述べられている。同書の「索引」にも「学力」はないのだが、柔軟な批判知としての「学力」形成の学習集団論と、個の「資質・能力」重視の「アクティブ・ラーニング」とでは土台が大きく異なる。「基礎・基本」における知のコアを成す「知識・理解」よりは、「スキル」「情意」に重きを置いた学習指導論が今後は重視されていく。その流れでの「アクティブ・ラーニング」だと見極めて取り組んでいかないと、立ち位置を見誤り、研究も実践も方法主義に陥っていくであろう。

その危惧があるから、筆者としては、『資質・能力［理論編］』は、「アクティブ・ラーニング」と対峙し、それを攻略するうえで批判的に読むべき対象文献であると考えた。まさに「授業改革」の正念場とも言える転換期がやってきた。真の授業改革にとって何が理論的キーワードかを見極める研究的センスが問われるときだ。

（東洋館出版社、二〇一六年、二〇〇〇円＋税）

『国際バカロレアとこれからの大学入試改革——知を創造するアクティブ・ラーニング』（福田誠治 著）

森岡修一（大妻女子大学）

　著者についてはすでにご存じの向きも多いと思うが、ロシアを中心とした国際教育の動向に通暁する同氏は、近年では相次いでフィンランド教育関連の著作を刊行し、マスメディアでも注目を浴びている。現在、都留文科大学学長として、同校が国際バカロレア教員養成認定校となったのを機に、世界に通用する教員養成とアクティブ・ラーニングに向けた学科新設に精力的に取り組んでいる。

　それだけに、本書の課題意識と射程はきわめて広大で、初学者にはやや難解と思われる箇所もあるだろう。だが、本書の何よりも優れた点は、こうした抽象度の高い難解な教育課題を、具体的なカリキュラムや教育現場のシステムと連動させて、ダイナミックに解き明かしていく鮮やかな手法にある。

　現在の中学1年生が高校を卒業する二〇二〇年には大学入試は切り替わる、として、学習指導要領・教員免許・教員養成制度の転換にとどまらず、「探求型の学び、いわゆるアクティブ・ラーニング、イノベイティブでクリエイティブな学び、地域の教材などを用いて一人ひとりの生徒に合わせて適切な指示と支援ができる教師」像の必然性と展望が示されるのである。これは、日々の授業で逸早く「学び合い」「学習集団」等の教育実践に真摯に取り組んできた〈読み研〉の読者にとっては、何よりも力強いエールとなるだろう。

　本書の課題は、前述したように国語教育にとどまらないが、それだけに大局的な見地から教育を俯瞰するには絶好の図書といえる。各章は、①〈大学入試はどう変わるか〉、②〈国際バカロレアの歴史〉、③〈知識基盤経済に適応したIBカリキュラム〉、④〈PYP（幼児・初等教育カリキュラム）〉、⑤〈MYP（中等教育カリキュラム）〉、⑥〈IBDP（大学接続カリキュラム）〉となっており、最初は聞きなれない用語に戸惑うこともあるかもしれないが、各章の記述はきわめて具体的で説得力に富む。

　特に第4章以降は、パリ、デンマーク、フィンランドなどの諸外国のみならず、「東京」、「ぐんま」等の日本の代表的なインターナショナル（アカデミー）スクールの実践やカリキュラム等が、多数の写真入りで詳細に分析されており、当初の戸惑いは徐々に、読者の共感と実践欲求へと高められていくことだろう。

（亜紀書房、二〇一五年、二〇〇〇円＋税）

V 「アクティブ・ラーニング」を考えるための読書案内――私が薦めるこの一冊

『アクティブ・ラーニングの考え方・進め方』（加藤幸次 著）

木内　剛（成蹊大学）

大学の授業改革の手立てとして登場した〝アクティブ・ラーニング〟が、二〇一四年一一月の次期学習指導要領改訂の諮問の中で示されるや、翌年度には早くも初等中等教育の現場にも授業の意識転換が求められはじめた。小中高でなぜ、何がどう求められるのか。

問題解決能力、チームワークなどを求める新課程では結局「総合的な学習」が主となりそうなので、ここでは国語ではなく問題解決学習領域でのアクティブ・ラーニングについて述べたものを紹介したい。喜寿を過ぎた加藤幸次氏は、違う学派ながら筆者も尊敬している方で、個性化教育（個に応じた教育）のリーダーとして知られる。本書では〝アクティブ・ラーニング〟の氏の批判的解釈をもとに、個性化教育で培ってきた多様な授業方法や環境条件などを、「授業モデル」「指導・学習システム」「学習活動の場所」「学習環境」「学習ガイドの作り方」などの章に分けて、進める段階を考慮してパターンを丁寧に整理している。

目指す姿は、児童生徒が個に応じて内容も方法も主体的に決めて学習を進める問題解決学習である。資質やキー・コンピテンシーの育成の手段として文科省が目指す〝アクティブ・ラーニング〟の柱となる「課題解決学習」での本領発揮に期待を膨らませている。

ただし、氏は〝一斉授業〟から〝個に応じた教育〟への転換を理想としているが、第一の授業モデルとなる〝マスタリー学習〟では、一斉指導を先立つものと認め、否定してはいない。また、「真に活発で能動的な学習をする時は、案外、孤立した状態の中ではないでしょうか。実は、孤立した状態でこそ創造的になれるというものではないでしょうか」と指摘し、今日の「協働学習」は「あまりにも単純でかつ皮相的です」として、「協働学習」を前提にしたアクティブ・ラーニングの枠づけを批判する。個性化教育になじみのない人からは意外に思えるこうした考えが見られるところにも注目したい。「です・ます」調で堅苦しくない書である。

（黎明書房、二〇一六年、本体二一〇〇円）

V 「アクティブ・ラーニング」を考えるための読書案内——私が薦めるこの一冊

『思考の技法：直観ポンプと77の思考術』（ダニエル・C・デネット著、阿部文彦・木島泰三訳）

大野栄三（北海道大学）

アクティブ・ラーニングで重視される「主体的・協働的」な学習の前提には、直面する問題を理解しようと思考する子どもの行為、簡単に言えば、子どもが自分の頭でしっかり考えるという主体的な行為が不可欠である。そして、子どもがそうした思考活動を教室で展開していくには、教師の側が「思考」についてそれなりに理解しておかねばならない。教師自身が理解していないことを子どもに指導するのは無理だからである。教師が平凡な思考をしていては、子どもが思考の技法の片鱗を見せたときに（子どもは侮れないというではないか）、それをうまくとらえて、「主体的・協働的」な学習に生かすことはできないだろう。

本書は、哲学者デネットがこれまで使ってきた思考の道具を読者に紹介し、それらを駆使して、意味、人工知能、進化（生命）、意識、自由意志の問題を理解していくという章立てになっている。直観ポンプとは、厳密な論証には欠けているが、「うん、もちろんそうだ。そうに決まっている」という直観を引き起こすようにデザインされた思考実験である（22頁）。古くは、プラトン『メノン』に、ソクラテスが奴隷に幾何学を教える話がある。直観ポンプでは、思考実験の設定をいろいろと変化させ（著者の表現では「ダイヤルを回す」）、直面している物事を考察していく。読者は本書を読み進みながら、著者が提示する直観ポンプと思考の道具を使い、心の筋トレで良い汗を流すことになる。

哲学の道に進もうかどうかと考えている学生や哲学科以外の学生も読者に想定して書かれており（第IX部「哲学者であるとはどのようなことか？」）、難解な哲学用語は少ししか登場しない。訳文は読みやすく、丁寧な訳注が付されている。また、翻訳者のウェブサイトに第1刷の正誤表が公開されている（http://edelmoedigheid.web.fc2.com/intuitionpumps.html 二〇一六年五月確認）。

六〇〇頁以上の大著である。途中で投げ出してしまうのではと心配な方は、第Ⅰ部「序論」と第Ⅱ部「汎用的な思考道具一ダース」を読んで、後は関心を引くタイトルを選んでもよいだろう。道徳の教科化や若者の政治参加が議論されているとき、第Ⅵ部「進化について考える道具」や第Ⅷ部「自由意志についての思考道具」で展開されている思考を経験しておくことは教師にとってプラスになると思う。

（青土社、二〇一五年、四一〇〇円＋税）

V 「アクティブ・ラーニング」を考えるための読書案内——私が薦めるこの一冊

『活動的で協同的な学びへ「学びの共同体」の実践 学びが開く！ 高校の授業』（佐藤学ほか 編著）

藤原 顕（福山市立大学）

本書では、高校における授業実践記録を軸とした「学びの共同体」の具体的展開の在り方が議論されている。周知のように、「学びの共同体」は、協同性に基づく授業と学校の改革、それによる子どもの学びの質的向上や教師の力量形成等を志向した包括的なプロジェクトである。したがって、「学びの共同体」という哲学に基づく実践は、「アクティブ・ラーニング」が言うところの「主体的・協働的な学び」を含み得るものの、両者は同一の意味合いを持つものではない。しかしながら、現在主唱されている「アクティブ・ラーニング」を検討する際に、「学びの共同体」において採られる協同学習の枠組みは示唆に富んでいる。

「アクティブ・ラーニング」を実現しようとする場合、まず焦点が合わせられるのが「主体的・協働的な」学習の形態であろう。たとえば、ジグソー学習を取り入れることで、一斉学習中心の授業の改善を試みるというように、「アクティブ・ラーニング」では授業の活動面に重点が置かれがちになる。

しかし言うまでもなく、どのような形態の学習活動を採るのであれ、子どもの深い学びが成立すること、すなわち内容面こそが授業では問われる必要がある。その点、「学びの共同体」の協同学習で重要なポイントとなる「ジャンプの課題」というアイデアは、授業の活動面とともに内容面を充実させていく際の手掛かりを示してくれる。

4人グループで取り組まれる「ジャンプの課題」は、学ぶ内容の本質を突くような「学問的に難易度が高い」課題であり、それ故に「4人とも1人ではできない」状況が生起し協同は必然になる。この課題において、「教科書レベルの内容は課題に取り組む途中経過で学ぶ」ことが想定されている。課題を通して「出会った困難を全体で共有」し認識を深めていく展開が必要であり、グループ学習はその後の一斉学習と「相補」関係を持つことになる（以上は本書の永島孝嗣論文「1人残らず質が高く学ぶ課題のつくり方」を参照）。

このような「ジャンプの課題」は、一面では教科内容や教材の深い研究に基づくものであり、容易には構成しにくいものであろう。とは言え、「アクティブ・ラーニング」が活動主義に堕することなく、内容の深い学びを可能にしていくために、協同学習の課題の在り方は不可避の論点になると考えられる。

（明治図書、二〇一五年、二二六〇円＋税）

「白いぼうし」（あまんきみこ）の教材研究――ここがポイント

熊谷　尚（秋田大学教育文化学部附属小学校）

「白いぼうし」は、あまんきみこの処女童話集『車のいろは空のいろ』（ポプラ社）の中の一編である。タクシー運転手の松井さんと、擬人化された紋白蝶との通い合いを軸に繰り広げられる〝不思議な出来事〟を描いたファンタジー作品である。光村図書の小学校4年国語教科書に長年にわたって採用されており、学校現場で人気の高い教材の一つとなっている。

1　構成・構造をよむ

(1)「クライマックス」はどこか

「クライマックス」を考える際には、その作品の中の主要な「事件」とは何かを押さえなければならない。では、「白いぼうし」の事件は何か。それは、白い帽子を拾った松井さんが、意図せず紋白蝶を逃がしてしまったことに始まり、お客としてタクシーに乗せたはずの女の子が、不意に客席からいなくなってしまったことである。女の子がいなくなった場所は、団地の前の野原。そこには、紋白蝶がたくさん飛んでいた。「よかったね。／よかったよ。／…」という「シャボン玉のはじけるような、小さな小さな声」を聴きながら松井さんは、あの女の子は、私が逃がした紋白蝶だったのだろうか、と思い始めたのかもしれない。

この日松井さんを巡って起こった不思議な出来事が因果関係をもってつながっていることは、次の四行を読めば少なくとも読者にははっきりと理解できる。よって、この部分がこの作品のクライマックスである。

「よかったね。」
「よかったよ。」
「よかったね。」
「よかったよ。」

この部分は、時には高く、時には低く舞い飛ぶ蝶の動きを表すかのように、文頭が上下されて書かれている。これが蝶たちの会話であることを暗に示すために、視覚的な効果をねらってこのような表現方法をとったと見てよいだろう。技法（レトリック）や表現上の工夫がなされ、読者により強くアピールする書かれ方になっていることも、ここをクライマックスとする理由の一つである。

(2) 「発端」と「山場の始まり」への着目

「白いぼうし」は、導入部―展開部―山場の三部構成の作品である。まず、松井さんが白い帽子を見付ける「アクセルをふもうとしたとき…」が「発端」である。それ以前の松井さんとお客の紳士とのやり取りの場面が「導入部」となる。

「山場の始まり」は、女の子が登場する「車にもどると…」と、女の子がいなくなる直前の松井さんの心内語「『お母さんが、虫とりあみをかまえて、…』」のどちらかで迷うところだが、後者を山場の始まりと考えた。女の子を車に乗せた後も、松井さんの関心はずっと帽子の持ち主である男の子の方に向いている。女の子にせかされて車を発進させた後も、自分が紋白蝶の代わりに帽子の中に置いてきた夏みかんに男の子がどんなに驚くだろうと、一人で想像を膨らませている。そんな松井さんの関心事が一転するのは、さっき乗せたはずの女の子がいなくなっていることに気付いたときである。ここでやっと「おかしいな。」と思い、あれこれと考え始める。そして、先に述べたクライマックスの部分で、女の子への懐疑心が松井さんの中で解けていくのである。よって、女の子がいなくなる場面を「山場の始まり」とした。

なお、導入部で「夏みかんのにおい」が客の紳士と松井さんの会話の話題となっているが、末尾の一文で再びその「夏みかんのにおい」が登場する。導入部と照応しているという意味で、「一文だけの終結部」ととらえることも可能なのかもしれない。しかし、結末から末尾では、ほぼ時間の経過がなく、いわゆる「エピローグ」としての要素は薄い。よって、この作品は、終結部のない三部構成の作品であるととらえるのが妥当であろう。

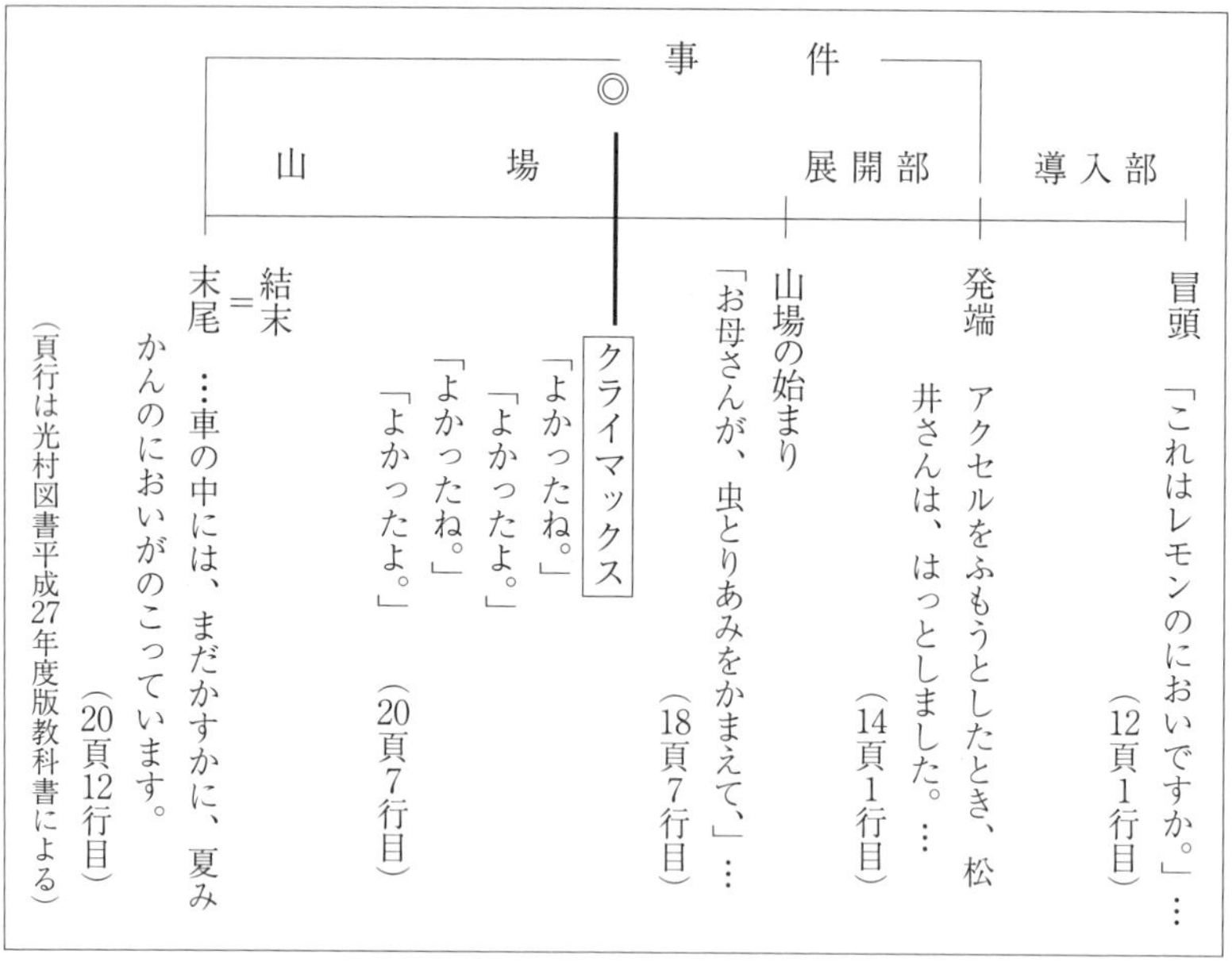

2　導入部の形象をよむ

(1)　作品世界に引き込む書き出し

「これは、レモンのにおいですか。」／ほりばたで乗せたお客のしんしが、話しかけました。／「いいえ、夏みかんですよ。」

お客の紳士のせりふから始まる、非常に印象的な書き出しである。後に「夏がいきなり始まったような暑い日」で、「松井さんもお客も、白いワイシャツのそでを、うでまでたくし上げていました。」とあるので、冷房のかかった涼しい車内ではないことが読み取れる。それにもかかわらず、読者として、うっとうしさではなく初夏のすがすがしい印象を受けるのは、「レモン」そして「夏みかん」の二つの言葉が相まって読者の五感を刺激するからであろう。「明るい初夏のある日」という作品の世界に、読者は一気に引き込まれていく。

(2)　松井さんの人物設定

導入部では、「時」「場」「人物」といった作品の設定を読み取ることが大切である。それらが、展開部以降の事件展開に関わる重要な「伏線」となっていることが多いからである。では、導入部から読める松井さんの人物設定について見ていくことにする。

「いいえ、夏みかんですよ。」／信号が赤なので、ブレーキをかけてから、運転手の松井さんはにこにこして答えました。

まず、ブレーキをかけてから返答していることから、運転手としての慎重さや実直さが読める。停車してから後部座席のお客の方に向き直し、笑顔で返答しているのだろう。接客業をしている人らしい丁寧さや誠実さ、愛想のよさなども読める。

「もぎたてなのです。きのう、いなかのおふくろが、速達で送ってくれました。においまでわたしにとどけたかったのでしょう。」／「ほう、ほう。」／「あまりうれしかったので、いちばん大きいのを、この車にのせてきたのですよ。」

「もぎたて」「速達」「においまで」などから、夏みかんがどれほど新鮮なのかが読めるとともに、それをわざわざ送ってくれた母親の愛情を松井さんがとても嬉しく感じていることが読める。あまりの嬉しさに、「いちばん大きいのを車にのせてきた」という。「のせる」＝「載せる」は、ある程度の大きさの物を車に積むときに使う。普通であればたった一個の夏みかんを「載せる」とは言わない。松井さんにとって夏みかんがそれほどに大事で愛おしくて価値のあるものであることが、この言い方から読める。また、いくら嬉しかったとはいえ、それを仕事の場に持ち込むという行為からは、大人らしからぬ子どもっぽさ、逆にいえば天真爛漫な無邪気さなどが読める。このような松井さんの人物設定が、展開部以降の事件展開の重要な鍵となっていく。

3 展開部の形象をよむ

(1) 一貫して描かれる松井さんの「優しさ」

「おや、車道のあんなすぐそばに、小さなぼうしが落ちているぞ。風がもうひとふきすれば、車がひいてしまうわい。」

松井さんは、小さな帽子が道に落ちていることに気付き、しかも、その帽子が風で吹き飛ばされてしまうことを心配している。「ひいてしまう」とあるが、「ひく」＝「轢く」は普通、人や動物に対して使う言葉であり、それを物に対しても使っている辺りから、帽子の持ち主のことにまで心を寄せている松井さんの繊細な優しさが読める。この後、松井さんは意図せず帽子の中の紋白蝶を逃がしてしまう。帽子の裏の「たけの　たけお」という縫い取りを見て、せっかく捕まえた紋白蝶がいなくなったら「この子は、どんなにがっかりするだろう」と肩をすぼめる。そして、ふとあることを思い付く。

　運転席から取り出したのは、あの夏みかんです。まるで、日の光をそのままそめつけたような、見事な色でした。すっぱい、いいにおいが、風で辺りに広がりました。

　紋白蝶の代わりに例の夏みかんを帽子の中に忍ばせておく松井さん。何とも粋な計らいである。詳細な「夏みかん」の描写は、男の子を思いやる優しい松井さんの人柄とその行為を象徴するかのようである。

　松井さんが「車にもどると、おかっぱのかわいい女の子が、ちょこんと後ろのシートにすわってい」た。ここで何の不信感も抱かないところが、また松井さんらしいところである。子どもが一人でタクシーに乗ろうとしたら、普通の運転手ならばすぐには乗車させないだろう。親はいないのかとか、お金はもっているのかとか、事情聴取のようなことが始まってもおかしくない。しかし、松井さんは、「ええと、どちらまで。」と、普段通りに一人のお客として女の子に応対している。

　「道にまよったの。行っても行っても、四角い建物ばかりだもん。」／つかれたような声でした。／（中略）／「え。―ええ、あの、あのね、菜の花横町ってあるかしら。（中略）客席の女の子が、後ろから乗り出して、せかせかと言いました。／「早く、おじちゃん。早く行ってちょうだい。」

　女の子の様子は、明らかにどこか変である。読者にとっては、この辺りの描写から「女の子の正体はさっきの紋白蝶だな」とだいたい察しが付くのであるが、当の松井さんは、まったく疑う様子もない。よい意味で、呑気でのんびりとしている人であると読める。

　松井さんは、普通の大人と少し違う大らかさや優しさをもった人物である。だからこそ、（結果としてではあるが）紋白蝶を助けることができたのである。

(2)　松井さんが見せる新たな一面

　このように見てくると、松井さんは、導入部から一貫して優しい好人物として描かれている。「松井さんは優しい人だから、女の子は助けを求めてタクシーに乗り込んできた」といった読みが子どもから出されることがよくある。そして、クライマックスの「よかったね。…」は、蝶たちが「松井さんに助けてもらってよかった」と言っている、松井さんにお礼を言っている、といった読みが出され、それで終わってしまう授業も散見される。確かに松井さんは優しい人物には違いない。しかし、次の部分をよく読むと、この読みに疑問が生じてくる。

「あれっ。」／もんしろちょうです。あわててぼうしをふりまわしました。（中略）／小さなぼうしをつかんで、ため息をついている松井さんの横を、（中略）／「せっかくのえものがいなくなったら、この子は、どんなにがっかりするだろう。」

松井さんは、紋白蝶が逃げたとわかると、慌てて帽子を振り回している。もう一度紋白蝶をつかまえようとしたのであろう。溜息を付いたのは、紋白蝶を捕まえた男の子に対して、逃がしてしまって申し訳ないと思ったからにほかならない。「えもの」＝「獲物」という表現は、紋白蝶を苦労して捕まえたであろう男の子の側から見たものの言い方である。決して松井さんが紋白蝶を助けようと思って助けたわけではないのである。

4　山場の形象をよみ、作品のテーマに迫る

「おどろいただろうな。まほうのみかんと思うかな。なにしろ、ちょうが化けたんだから—。」

女の子を乗せ、しばらく車を走らせた後も、自分の仕掛けた夏みかんのことで空想を巡らしている松井さん。本当に子どものような無邪気な人である。「蝶がみかんに化ける」と松井さん自身が心の中で思っているというのも、ちょっとした伏線として見るとおもしろい。蝶が女の子に化けていたとは、この時点で松井さんは思いもしていないのである。

でも、次に、／「おや。」／松井さんはあわてました。（中略）／「おかしいな。」／松井さんは車を止めて、考え考え、まどの外を見ました。

意外と見落とされがちだが、この逆接の「でも」の前後で、松井さんの言動ががらりと変わっている。そして、「あわてました。」という動的な描写から、「車を止めて、考え考え…」という静的な描写へ急激に変化している。

松井さんの中で何かが変わり始めた証しである。

白いちょうが、二十も三十も、いえ、もっとたくさん飛んでいました。クローバーが青々と広がり、わた毛と黄色の花の交ざったたんぽぽが、点々のもようになっています。その上を、おどるように飛んでいるちょうをぼんやり見ているうち、松井さんには、こんな声が聞こえてきました。

この作品は、比喩（直喩やオノマトペ）、反復、色彩語などといった表現技法が散りばめられた描写が随所に見られるが、クライマックス直前のこの部分は、特に描写性が高い部分なので、表現の一つ一つを丁寧に読み味わわせ、松井さんの目の前に広がっている情景を豊かに想像させたい。その上で、「松井さんには」に着目させたい。動作・作用がその相手に及ぶことを表わす格助詞「に」に、叙述内容の成り立つ条件を限定する係助詞「は」の意味が加えられる。つまり、「聞こえてくる」という作用は、松井さんという人物だけに限定して成り立っているのである。また、その声は、蝶たちが松井さんに聞かせているのではない。「聞こえる」であるから、音・声が自然に耳に入ってくるということである。蝶の群れの方から、「よかったね。」「よかったよ。」という声が自然に松井さんの耳に入ってきたのである。

実は、松井さんは、相手が本当にそう思っているかどうかわからないのに、勝手に自分の中でよい方向に物事を解釈してしまう所のある人である。導入部や展開部の叙述に戻ってみよう。田舎のお母さんは、「においまでわたしにとどけたかった」かどうかはわからないけれど、松井さんは自分で勝手にそう解釈して「何て優しい母親なんだろう」と嬉しがっている。紋白蝶がいなくなっていたら男の子はさぞかしがっかりするだろうと、男の子の気持ちを勝手に解釈して、大切な夏みかんを置いていく。女の子は「菜の花横町」と言っているのに、問い正すこともせず勝手に「菜の花橋」へと車を走らせる――。

松井さんの勝手な解釈というとやや言葉が悪いが、それはどれも相手に幸せをもたらす解釈である。そして、クライマックスの場面でも松井さんは、聞こえてくる蝶たちの会話を自分の中で勝手に解釈し、女の子＝紋白蝶やその仲間の蝶たちの気持ちに寄り添い、蝶たちと一緒になって「助かってよかったね。」と幸せな時間を喜んでいるように思えてくるのである。このように読んでくると、作品のテーマが「蝶の恩返し」ではないことは明白である。私は、この作品のテーマを次のようにとらえた。

現実世界を越えた異世界とも心を通い合わせることのできる人間の「優しさ」

松井さんは、日常の些細な出来事に興味・関心を向け、それを心からおもしろがったり、目の前にいるいないにかかわらず相手の心に寄り添い、一緒になって喜んだり悲しんだりすることのできる、純粋で優しい心の持ち主である。だから、蝶のような人間でない相手とも心を通わせることができる。そういう優れた共感性を持ち合わせた松井さんにだけ、異世界への扉が開き、その世界の住人との意思の疎通が許される。それは、特別な人だけにもたらされる、特別な幸福なのである。

5 題名のもつ意味を吟味する

紙面の都合で、この作品の「吟味・評価」についてはまた別の機会に述べたいと思うが、吟味・評価の一つの切り口として、「なぜ題名が『白いぼうし』なのか」という問いかけを提案したい。

私の同僚がかつて授業をしたとき、ある子どもが「題名は『夏みかんのにおい』の方がいいと思う」と発言したそうである。夏みかんに始まり夏みかんに終わる、額縁のような作品構造に着目しての考えだったそうだが、作者の付けた題名は「白いぼうし」である。もちろん「白いぼうし」はこの作品を支えるとても重要な「小道具」であると同時に、作品のテーマに関わる象徴性をもったものである。題名に込められた意味を子ども同士で話し合うことは、作品をより多面的・多角的に読み直すことにつながるものと考える。

参考文献

阿部昇『国語力をつける物語・小説の「読み」の授業』二〇一五年、明治図書
全国国語教育実践研究会編『「白いぼうし」の教材研究と全授業記録』一九九二年、明治図書

【編集委員紹介】

阿部　昇（あべ　のぼる）〔編集委員長〕
秋田大学大学院教育学研究科教授。
「読み」の授業研究会代表、日本教育方法学会常任理事、全国大学国語教育学会理事、日本NIE学会理事。
〈主要著書〉『国語力をつける物語・小説の「読み」の授業―PISA読解力を超えるあたらしい授業の提案』『文章吟味力を鍛える―教科書・メディア・総合の吟味』『アクティブ・ラーニングを生かした探求型の授業づくり』以上、明治図書出版、『あたらしい国語科指導法　第4版』学文社（編著）、他。

加藤　郁夫（かとう　いくお）
「読み」の授業研究会事務局長。
〈主要著書〉『教材研究の定説化「舞姫」の読み方指導』明治図書出版、『科学的な「読み」の授業入門』［共著］東洋館出版社、『日本語の力を鍛える「古典」の授業』明治図書出版、他。

永橋　和行（ながはし　かずゆき）
立命館小学校教諭。
「読み」の授業研究会事務局次長。
〈主要著書〉『教材研究の定説化「おこりじぞう」の読み方指導』明治図書出版、『教材研究の定説化「お母さんの木」の読み方指導』［共著］明治図書出版、『総合的学習の基礎づくり３「学び方を学ぶ」小学校高学年編』［共著］明治図書出版、他。

柴田　義松（しばた　よしまつ）
東京大学名誉教授。
日本教育方法学会理事。日本教育方法学会代表理事、日本カリキュラム学会代表理事などを歴任。
〈主要著書〉『21世紀を拓く教授学』明治図書出版、『「読書算」はなぜ基礎学力か』明治図書出版、『学び方の基礎・基本と総合的学習』明治図書出版、『ヴィゴツキー入門』子どもの未来社、他。

国語授業の改革16
「アクティブ・ラーニング」を生かしたあたらしい「読み」の授業
――「学習集団」「探究型」を重視して質の高い国語力を身につける

2016年８月25日　第１版第１刷発行

「読み」の授業研究会［編］
（編集委員：阿部昇／加藤郁夫／永橋和行／柴田義松）

発行者　田　中　千津子
発行所　株式会社　学　文　社

〒153-0064　東京都目黒区下目黒３-６-１
電　話　03（3715）1501㈹
ＦＡＸ　03（3715）2012
振　替　00130-9-98842
http://www.gakubunsha.com

印刷所　メディカ・ピーシー

ISBN 978-4-7620-2669-0